CAROLINE VERMALLE

Caroline Vermalle est née en 1973 dans l'Oise. À 21 ans, après des études de cinéma, elle s'envole pour Londres. Embauchée à la BBC, elle écrit et produit des documentaires. Son premier roman, publié en 2009 chez Calmann-Lévy, *L'Avant-Dernière Chance*, a été récompensé par le prix Nouveau Talent 2009 de la fondation Bouygues Telecom et par le prix Chronos 2011. Il a connu un grand succès et a été traduit en plusieurs langues. Après avoir fait le tour du monde en 2012, elle s'est installée avec sa famille en Vendée, juste en face de l'île d'Yeu, qui lui a inspiré *L'Île des beaux lendemains* (Belfond, 2012). *Une collection de trésors minuscules* a paru aux Éditions Belfond en 2014 et est suivie en 2015 des *Amis du Paradis*, chez le même éditeur.

Retrouvez toute l'actualité de l'auteur sur :
www.carolinevermalle.com
www.facebook.com/carolinevermalle.official

UNE COLLECTION DE TRÉSORS MINUSCULES

DU MÊME AUTEUR
CHEZ POCKET

L'ÎLE DES BEAUX LENDEMAINS
UNE COLLECTION DE TRÉSORS MINUSCULES

CAROLINE VERMALLE

UNE COLLECTION DE TRÉSORS MINUSCULES

belfond

ISBN : 978-2-266-25456-4

To Ryan

« Dans ce petit bal qui s'appelait…
qui s'appelait…
qui s'appelait…
Non… je ne me souviens plus
du nom du bal perdu.
[…]
Ce dont je me souviens
c'est qu'on était heureux
Les yeux au fond des yeux
Et c'était bien.
Et c'était bien. »

Robert NYEL, *Le Petit Bal perdu*

« … l'altière paix des choses. »

SÉNÈQUE, De la brièveté de la vie

1

La neige tombait sur les quais de la Seine à Paris et deux jeunes femmes la regardaient tomber. Il y avait deux petits ronds de buée sur la vitre froide du dernier étage d'un hôtel particulier de l'île Saint-Louis. L'un d'eux dessinait la bouche en cœur de Pétronille, vingt-cinq ans ; ses beaux cheveux châtains faisaient des boucles sur ses épaules et elle tirait sur son cardigan que ses rondeurs ourlaient. L'autre petit rond palpitait à chaque soupir de sa grande sœur Dorothée ; elle avait trente et un ans, était blonde et mince et ses yeux brillaient d'un bleu déterminé. Dorothée n'était pas du genre à tirer sur ses cardigans, sauf depuis six mois qu'un petit était venu faire grossir son ventre.

— Il y en a vraiment qui ont de la chance, soupira Dorothée. Regarde-moi cette vue…

Notre-Dame, le Panthéon, la tour Montparnasse, la tour Eiffel, tout Paris était là, comme sur les cartes postales qu'on vendait sur les quais. Pétronille soupira aussi. Apercevoir la tour Eiffel faisait toujours naître en elle un frisson. Non, pas tout à fait un frisson, plutôt le souffle minuscule d'un battement d'ailes, d'un envol soudain, et la nostalgie d'un instant à peine posé : c'est le bonheur des petits riens. Si elle avait pu les mettre en bouteille, Pétronille en aurait fait collection. Elle les aurait gardés dans son petit chez-elle, là-bas, dans l'une de ces milliers de veines sombres qui rayaient la capitale, là où les fenêtres ne voyaient que d'autres fenêtres. Car ici, dans ce grand appartement, au milieu des toits gris qui petit à petit se poivraient de blanc, ici d'où l'on pouvait, si l'on prenait la peine de regarder, voir battre le cœur de Paris, ici, hélas, elle était chez quelqu'un d'autre.

— Bon, fit Pétronille, il faut qu'on y aille. S'il revient et qu'il nous trouve ici, on va être très mal.

Elle ramassa les derniers restes de l'emballage qui traînaient sur le parquet ancien et les fourra dans un grand sac-poubelle noir. Elle admira une dernière fois ce qu'elle avait fini de déballer : un petit tableau, d'à peine trente centimètres de haut. Un village tranquille en hiver, quelques arbres nus, des silhouettes que le froid pressait et, en bas à gauche, presque timide, la signature penchée de l'artiste : Alfred Sisley.

— Tu m'avais dit qu'il restait toujours au bureau jusqu'à pas d'heure, renchérit Dorothée, toujours collée à sa vitre.

— Oui, mais ça serait pas de chance s'il avait choisi aujourd'hui pour rentrer plus tôt. Allez viens.

Pétronille alla poser son sac-poubelle près de l'entrée, à côté de la console où se trouvait du courrier qui semblait important.

Dorothée déambulait à travers l'appartement, inspectant le mobilier d'exception.

— C'est quand même pas juste. Il a tout, ce mec. Il est riche, il est brillant, il a un appart de rêve, il a bon goût… Autant de veine, ça fait pas trop pour un seul homme ?

Pétronille ne pipait mot, mais elle frémissait de

fierté, de voir sa sœur admirer le tableau impressionniste qui reposait contre le mur, puis les photos encadrées d'argent sur la cheminée en marbre. Il y avait du beau monde, et du connu : un footballeur, un ministre et Dany Simonet, une des actrices les plus populaires du moment. Dorothée s'empara du portrait en noir et blanc de l'homme qui revenait dans tous les cadres.

— Me dis pas que c'est lui ? fit-elle avec des yeux ronds.

Pétronille jeta un œil à la photo : la trentaine passée, la mâchoire carrée, des cheveux bruns ondulant sur un front bronzé, un air de jeune premier d'autrefois. Un sourire juste ce qu'il fallait de timide et des yeux qui brillaient comme du chocolat noir. C'était lui. Me Frédéric Solis. Le patron de Pétronille.

Avec un sourire qu'elle voulut détaché mais qui ne l'était pas du tout, elle fit :

— Oui, je sais, pas la peine de…

— Il est canon ! explosa Dorothée. Wouh, la cachottière ! Ça me fait penser : sais-tu que ton horoscope de décembre dit que tu vas rencontrer quelqu'un vers le 22 ? On dit que les hommes les plus brillants tombent amoureux de leur secrétaire. Je le vois bien en beau-frère.

— Je ne voudrais pas te fendre le cœur, mais on s'est rencontrés à mon entretien d'embauche en septembre, et je ne suis pas sa secrétaire.

Pétronille tenait beaucoup à ce qu'on dise « assistante personnelle » plutôt que « secrétaire ». Surtout après toutes ses années de fac qu'elle ne parvenait toujours pas à boucler, et surtout devant Dorothée, directrice marketing au C.V. époustouflant, qui, à l'âge de Pétronille, en avait déjà une, de secrétaire. Même maintenant qu'elle était en congé maternité, Dorothée n'avait rien perdu de cette autorité naturelle qui impressionnait toujours sa petite sœur.

— Tu pinailles Nini, fit Dorothée. Tu m'as comprise.

— De toute façon, chuchota Pétronille, je suis pas son genre.

— Comment tu le sais ? chuchota à son tour Dorothée. Et pourquoi tu parles tout bas ?

Cela avait beau être tout à fait inutile, chuchoter rassurait Pétronille. Son patron serait furieux de trouver Dorothée ici.

— Sa dernière copine était mannequin, dit Pétronille. Tu sais, la fille qui fait la pub Chanel… elle faisait la couverture de *Vogue* cet été.

— Tu veux rire… Marcia ? Le top Marcia Gärtener ?

— Hmm.

— Et il est encore avec elle ?

— Euh, non, je crois pas.

— Eh ben mince…, siffla Dorothée.

Pétronille s'était retenue, de justesse, de dire qu'ils s'étaient séparés définitivement huit mois auparavant. Car elle n'était pas censée savoir ces choses-là. Elle essaya de se concentrer sur les papiers qu'elle était venue chercher dans le bureau de Frédéric, mais elle perdait le fil de sa liste de choses à faire.

— Pressing, tableau, poubelle, courrier, passeport, ah oui, l'acte de naissance pour son nouveau passeport…

Elle se dirigea vers le bureau, laissant Dorothée, incrédule, pianoter sur son portable. Au moment de quitter la pièce, trois dossiers sur les bras, Pétronille se retourna. Un meuble manquait. Oui, elle aurait pu le jurer, un secrétaire en marqueterie fine du XVIIIe qui était encore là la semaine dernière. Étrange. Dans le salon, sa sœur gloussait, penchée sur son Smartphone.

— Qu'est-ce qui te fait rire ?

— Regarde, fit Dorothée qui lui montrait une photo de paparazzi de Frédéric Solis et Marcia Gärtener trouvée sur Google.

Il se cachait derrière des Ray-Ban, mais elle était lumineuse.

— Ça te rappelle rien ?

— Non, à part mon patron qui va se pointer dans son appart et qui va me virer parce que j'y ai invité ma sœur sans lui demander, non, à part ça je ne vois pas.

— Enfin quoi, c'est Ken ! Barbie et Ken !

Pétronille gloussa et fit signe à sa sœur de la suivre. Elles traversèrent la chambre presque sur la pointe des pieds et Pétronille ouvrit la garde-robe. Elle en sortit un smoking qu'elle devait porter au pressing. Dorothée éclata de rire :

— Il manque plus que la boule disco !

Et Pétronille pouffa en pliant le smoking sur son bras. Puis elle entendit Dorothée dire d'une voix plus sérieuse :

— Tiens, c'est qui, ça, tu crois… ?

Elle montrait un cadre en bois qui reposait en haut d'un meuble à tiroirs design. Une dame d'un certain âge les regardait de profil, du fond d'une photo dont le papier n'était plus lisse. Elle était toute droite, ses cheveux poivre et sel serrés en un chignon parfait. Le photographe avait dû la surprendre dans cet intérieur ordinaire. Elle avait l'air timide, solide et fragile à la fois, et les yeux noirs qui défiaient l'objectif avaient la brillance sombre de ceux de Frédéric. Cette femme provenait d'un monde bien éloigné de celui qu'occupaient les gens de la cheminée, pensa

Pétronille. Son cœur sensible lui dit aussi qu'avec la découverte de ce petit cadre, elle avait dépassé une ligne invisible et elle traîna sa sœur hors de la chambre. En fermant la porte, elle regarda une dernière fois derrière elle et, suivant une intuition, alla jeter un œil par la fenêtre. Un taxi s'arrêtait devant l'hôtel particulier, déposant sur le trottoir blanc un homme en manteau beige.

— Merde ! Merdemerdemerde, il arrive !

Le smoking dans les bras, elle courut ramasser ses affaires et Dorothée, mue par la solidarité fraternelle, la suivit du même pas désordonné. Son ventre ballonnant cogna la console ancienne qui déjà n'était plus droite sur ses pattes et les lettres se retrouvèrent par terre. Quatre mains agrippèrent alors enveloppes, dossiers, sac-poubelle, bonnets, manteaux, gants, smoking, sacs à main, téléphones portables et clefs.

— Oh ! là, là ! il invite jamais personne chez lui. Il va pas aimer du tout que je t'aie laissée venir ici, surtout avec le Sisley à un demi-million… Oh merde, en plus je suis à trois semaines de ma fin de contrat, quelle débile, mais quelle débiiiile…

Les yeux de Dorothée, qui s'était arrêtée à la mention du tableau à un demi-million, brillèrent soudain de malice.

— Reste ici, je descends avant toi. Il ne m'a jamais vue, pas vrai ? Je prends l'ascenseur, il ne saura pas de quel étage je viens.

— Pas bête, dit Pétronille. Je te rejoins au métro. Grouille !

Elle ferma la porte sur sa sœur et reprit son souffle. C'était tout Dorothée, ça. Elle était maligne. Quand elles étaient petites, le jeu préféré de Dorothée était celui de détective. Pétronille était son acolyte. Sauf qu'elle disait « alcolite ».

Pétronille regarda son reflet dans le grand miroir doré. Elle se recoiffa et se redressa. Elle avait toujours le trac avant de voir Frédéric. Et elle rougissait toujours.

2

Au cœur de l'île Saint-Louis, dans le petit jardin privé de l'hôtel particulier à l'angle du quai d'Anjou et de la rue Poulletier, les parterres étaient déjà tout blancs. La grande porte d'entrée grinça un peu quand Frédéric Solis la poussa. À l'instant où il entra, il trouva le hall tout drôle. Même le magistral escalier en colimaçon et son courant d'air semblaient être différents, comme en déséquilibre. Puis il se souvint. Aujourd'hui, exceptionnellement, il avait décidé de rentrer plus tôt chez lui : l'intruse, c'était la clarté du jour. Pendant que les flocons accrochés à ses épaules en cachemire fondaient, il attendit l'ascenseur. Enfin le machin arriva, tout vieux et tout riquiqui mais avec des airs d'aristocrate, et livra passage à une charmante jeune femme blonde qui lui dit bonjour en lui souriant avec aplomb. Elle a du chien, tiens, se dit Frédéric en lui retournant son sourire. Et ses traits lui paraissaient familiers, mais… Ah, enceinte. Sans précipitation, il revint sur ses pas pour lui ouvrir la lourde porte d'entrée, et elle le remercia de son attention galante. Frédéric regarda un instant cette femme et son enfant disparaître dans les flocons et eut un pincement au cœur. Puis il oublia l'étrangère et se déhancha pour rentrer dans la cabine d'ascenseur. Avec sa grande taille, sa carrure d'athlète et son élégance toujours impeccable, dans cet ascenseur qui l'emmenait chez lui, il avait l'air d'un homme trop grand dans une cage trop petite.

Sur le palier, il rencontra Pétronille. Elle rougit en bafouillant que la livraison de Sotheby's avait eu lieu plus tôt que prévu, et qu'elle avait été là pour réceptionner le Sisley.

— Je vous remercie, fit Frédéric délicatement. Sa voix grave et lisse résonna à travers l'escalier de marbre. L'avez-vous vu ?

Pétronille sembla ne pas comprendre.

— Le tableau, dit-il, fixant son assistante de ses yeux magnifiques.

— Euh, oui, oui, je l'ai vu, bégaya Pétronille. Il est très joli. Enfin je veux dire, c'est une belle acquisition, félicitations.

Frédéric sourit. Une acquisition. Une de plus, une parmi d'autres. C'était ce que les gens se disaient. Tant mieux, finalement.

— Bon après-midi, Pétronille, fit-il doucement.

Frédéric attendit que son assistante ait disparu dans l'escalier pour entrer dans son appartement.

Il fit quelques pas sur le parquet et mit ses clefs sur la console. Et enfin, il le vit.

Là, contre le mur, se tenait son petit tableau qui n'en menait pas large, tout enrobé de neige et de gris, de sérénité et de poésie. Frédéric s'assit à même le sol pour être plus près de lui. Détailla chaque coup de pinceau. Il aurait voulu passer les doigts sur l'huile mais arrêta sa main, qui resta en l'air comme un cerf-volant dans ce bout de ciel qu'un homme avait regardé un hiver cent cinquante ans auparavant. Maintenant ce ciel était là, juste pour Frédéric. Cette silhouette noire qui marchait sur un chemin souillé de terre et de glace, regardez ses pas… Nulle part ailleurs que dans la neige on ne voit aussi bien les pas des hommes. Les traces de cet étranger de passage allaient à présent peupler ses murs et ses matins, suspendus par une main d'artiste à une branche d'éternité, et il aurait voulu lui demander : Connaissiez-vous ce peintre qui m'émeut tant ?

Car, on peut le dire, s'il n'y avait pas eu tous ces gens sur la cheminée, oui, il aurait pleuré, Frédéric. Me Frédéric Solis, l'une des étoiles montantes de chez Dentressengle-Espiard & Smith, le plus prestigieux des cabinets d'avocats de Paris. Me Frédéric Solis, spécialisé dans les divorces mondains, expert ès amours brisées, élégant, impitoyable et coûteux. Regardez-le, à présent, le brillant homme, retenant ses larmes, si bien qu'elles venaient à peine brouiller cette impression déjà floue du grand Alfred Sisley. Seule la dame effacée du cadre en bois aurait compris, mais elle ne le voyait pas, toute seule dans la chambre. Frédéric se perdit encore quelques heures dans ce ciel magistral comme il ne s'était jamais perdu dans le ciel de Paris qui s'éteignait dehors. Puis, dans les couleurs du chemin, il entendit son nom.

3

— Frédéric ? Frédéric ! Frédéric !!!!

Frédéric, sept ans, était recroquevillé sur son lit dans sa petite chambre au fond du couloir. Il fixait des yeux un bout de la tapisserie qui se décollait un peu tout en mâchouillant sa médaille en or de la Vierge Marie. En vérité il ne regardait rien, il écoutait. Depuis trois jours, les bruits de la maison étaient devenus étrangers. Étrangers aussi les yeux rouges de sa mère, la présence de ses grands-parents, les silences embarrassés des grands. Frédéric guettait le craquement d'une porte qui s'ouvre, la voix grave et enjouée de son père. Les syllabes chantantes d'une longue histoire qui expliquerait tout. Les bruits du retour de Papa. Mais depuis trois jours qu'il l'attendait, ces bruits ne venaient toujours pas. Et ce matin, c'était Noël. Noël 1979.

Frédéric était enfant unique, tout comme ses deux parents. Son père travaillait pour une entreprise de papeterie et produisait des calendriers. C'était un homme doux, cultivé, drôle. Ponctuel. Absent par la pensée, souvent – il se retranchait dans son monde à lui, particulièrement lorsque Frédéric faisait des bêtises, laissant à sa femme la discipline –, mais toujours à la maison quand il devait y être. Et il aimait tant Noël.

La décoration de l'arbre, surtout. Cette année-là, le sapin avait été acheté le 5 décembre – cinq jours plus tard que l'année précédente, où, le jour de Noël, des milliers d'épines sèches tombaient de l'arbre décharné dès que Frédéric frôlait une branche. On avait ri et promis que l'année prochaine on serait un peu plus patient. Alors le 5 décembre, cette année-là, pendant que sa mère installait la crèche, Frédéric et son père avaient drapé l'arbre de boules rouges et vertes et de guirlandes qui chaque année devenaient moins fournies. Ce matin-là, Frédéric savait que l'arbre, dans la salle à manger, clignotait dans l'obscurité. L'arbre aussi attendait Papa.

— Frédéric ! Descends-tu, mon pinson ?

La voix de sa grand-mère, qui avait toujours été douce, l'était encore plus depuis trois jours.

Frédéric glissa de son lit et traversa le couloir froid, droit dans son pyjama de flanelle aux manches trop courtes. Il arriva dans la cuisine. Sa mère avait le dos tourné et faisait griller du pain. Elle avait beaucoup le dos tourné depuis trois jours. Il ne voyait que son chignon, impeccablement tiré, comme toujours. La grand-mère de Frédéric, courbée dans sa robe de chambre molletonnée, l'embrassa ; ça piquait un peu. Son grand-père, tiré à quatre épingles, austère et taciturne, était attablé devant sa chicorée.

— Bonjour Frédéric, mon garçon.

Le vieil homme jeta un œil à la médaille cabossée. Papy était très pratiquant et allait sûrement dire quelque chose de sévère mais Mamie lui envoya un regard terrible, alors il bafouilla :

— Mamie t'a préparé une tartine, mets-toi à table. (Il se racla la gorge.) Le Papa Noël t'a encore gâté. Nous irons voir le sapin dès que tu auras fini.

Sa mère vint lui faire un baiser. Frédéric sentit qu'elle avait plus de maquillage que d'habitude, sa joue en était poisseuse. Frédéric voulut la regarder mais quelque chose au fond de lui lui disait qu'il valait mieux pas. Il mangea lentement sa tartine trempée dans son chocolat chaud qui coulait sur son menton. Les trois adultes parlaient de l'heure de la messe, du chauffage qu'on devrait remonter, du mal de reins de Papy – mais ce n'était pas une conversation comme les autres car on entendait toujours le tic-tac de l'horloge entre les phrases. Et toujours cette porte qui ne s'ouvrait pas.

Bientôt ce fut l'heure pour Frédéric d'aller coller son nez contre la porte vitrée qui séparait la cuisine de la salle à manger. Dans la pénombre ponctuée par le clignotement des guirlandes, il vit qu'on avait mis le petit Jésus dans la crèche. Il était largement plus grand que les autres santons de Provence qui l'entouraient sous le papier marron. Il faisait au moins deux fois la taille de la vache. Frédéric pensa que c'était un petit Jésus géant, comme les monstres de Goldorak qui piétinaient les villes entières avec tout le monde qui criait en dessous. Puis il vit les paquets sous l'arbre. Son cœur sautilla quelques instants, puis il repensa à la porte qui ne s'ouvrait pas, et dans sa poitrine tout devint lourd de nouveau.

On alluma la lumière et les trois adultes s'assirent sur le canapé en rang d'oignons, souriant à Frédéric. Frédéric remarqua qu'il n'y avait plus le calendrier avec les belles images qu'il aimait bien, à côté du sapin. Mais ce n'était pas le moment de penser à ça et il saisit le plus petit paquet. Il commença à déchirer le papier et, alors qu'il regardait toujours son présent, il entendit ses lèvres dire tout doucement :

— Peut-être qu'on devrait attendre Papa pour les cadeaux ?

Sa mère ouvrit la bouche, émit un bruit minuscule puis se précipita dans la cuisine. Elle semblait sur le point de vaciller. La grand-mère de Frédéric la suivit et mit ses bras autour de ses épaules. Le garçon entendit leurs pas dans l'escalier, entrecoupés de sanglots.

Il était seul avec son grand-père. Le vieil homme lui dit :

— Ton père ne va pas venir.

Frédéric continua à déchirer lentement son paquet et découvrit une voiture Majorette. Elle était violette avec des flammes vertes sur les côtés. C'était une qu'il n'avait pas. Il l'avait vue au rayon jouets du supermarché. Elle était terrible. Il aurait voulu la faire rouler partout dans la salle à manger, sur le rebord de la fenêtre, sous la table, la mettre en compétition avec ses autres voitures, et elle aurait gagné. Mais à la place il écoutait ce qu'allait dire son grand-père. Pour l'instant il ne disait rien, mais Frédéric savait que ça allait venir, car Papy frottait ses vieilles mains sur les cuisses de son pantalon. Enfin il dit :

— Ton père a fait quelque chose de très mal et… et il est en prison, très loin. Il ne reviendra pas. Il faut être fort, mon petit. Tu seras fort, n'est-ce pas ? fit-il en lui prenant l'épaule.

Frédéric hocha puis baissa sa petite tête bouclée.

— Bien. Bien, bien, dit son grand-père, et il lui tapota l'épaule. Eh bien, dis-moi, ça c'en est une, de belle auto. Ah bah !

Le vieil homme frotta ses cuisses derechef.

Frédéric sentait des larmes dans tout son petit corps ; bizarrement, pas dans ses yeux. Il fit rouler sa voiture sur quelques centimètres sous le sapin, mais cette voiture ne voulait aller nulle part. Il aurait aimé poser une question à Papy, une, ou deux, ou mille, mais il sentait que Papy n'avait pas trop envie qu'on lui pose des questions. Il se dit qu'il les poserait à Maman après.

4

Trente-deux ans plus tard, ce même môme, couché près de son Sisley à regarder les lumières que les bateaux-mouches projetaient sur le plafond de son grand appartement parisien, sentit la présence de ces questions qu'il n'avait jamais posées. Il avait réussi, le fils du fabricant de calendriers, se disait-il, toujours emmitouflé de son manteau en cachemire ; et, en réussissant, il était devenu un autre homme. Plus grand. Comme le petit Jésus, il était devenu trop grand pour sa famille et ses silences. Alors il les avait quittés tous, dès qu'il avait pu. Il avait aimé sa mère, pourtant. Sans le lui dire, bien sûr. Même à son enterrement, les mots n'étaient pas sortis. Il était pourtant assez grand pour les dire, il avait vingt et un ans à sa mort. Elle avait dû savoir qu'il l'admirait pour l'avoir élevé seule, pour ne s'être jamais remariée, pour l'avoir protégé des tristes décembres… Il était entendu entre eux qu'il fallait se méfier des mots. Plutôt que de parler, il avait travaillé plus dur que les autres, tous les jours, toutes les nuits. Il continuerait de le faire pour l'amour des toiles de maîtres et des chemins ascendants. Et il s'était promis de ne jamais, jamais avoir d'enfant ; mieux valait laisser à la postérité des divorces célèbres que des Noëls amers.

Il se releva enfin, courbaturé, et alluma la lumière. Pourquoi ces pensées aigres et désordonnées venaient-elles brouiller son bonheur, ce soir entre tous les soirs ? Il fit un geste brusque comme s'il avait voulu faire fuir des mouches posées sur ses paupières. Regarda les deux autres trésors de sa collection et cela le calma. Exposée sur le mur du salon, l'esquisse d'un autre peintre impressionniste, Camille Pissarro : au crayon et à l'encre de Chine, un carré de carton d'une dizaine de centimètres de haut, un champ en hiver et deux paysans. Les empreintes, dans la neige, de leur quotidien, de leurs pieds et de leur peine. Et dans l'entrée, au-dessus de la console, un triptyque d'Utagawa Hiroshige : trois femmes, sous les flocons épais. Leurs pas dans la neige, les petites traces éphémères d'une balade ordinaire. Il n'était pas impressionniste, Hiroshige, mais cette peinture avait inspiré Claude Monet, qui collectionnait ses estampes. Un jour, Frédéric posséderait les quelques dizaines de millions de dollars nécessaires à l'acquisition d'un Monet, d'un Caillebotte, d'un Gauguin, d'un Sisley majeur, d'une toile de Pissarro. Le caprice des collections, tous les trésors du monde à portée de main, quelle belle invention humaine ! La plupart des gens se contentent de petits riens, Frédéric Solis se payait le goût des grands chefs-d'œuvre. Mais cette passion pour les paysages d'hiver impressionnistes exigeait de grands sacrifices. Il était prêt à les faire.

Il se dévêtit enfin et accrocha son manteau dans la penderie près de la porte. Les lettres sur la console attirèrent son attention. Il hésita. Il savait ce qu'il y avait dedans. On lui demandait de l'argent. Les sacrifices qu'il avait dû consentir pour ses tableaux n'étaient pas encore assez grands. L'appartement était hypothéqué, ses comptes étaient à découvert et il avait commencé à revendre ses antiquités. Mais les créditeurs devraient attendre. Il était Me Frédéric Solis, l'argent viendrait. Il saisit une lettre recommandée et soupira. Pour celle-ci, il faudrait sûrement payer.

Il ouvrit l'enveloppe et lut le texte dactylographié. La missive arborait le cachet d'un cabinet de notaire en haut à gauche. Frédéric haussa les sourcils et ses yeux suivirent. Alors ça, se dit-il, *ça* c'est une bonne nouvelle. On le convoquait pour régler une succession. Un héritage ! Il resta interdit quelques minutes. Puis il sourit de tout son beau visage et respira de tous ses poumons. Cette nouvelle inattendue viendrait sûrement alléger ses dettes. Un héritage. Jour de chance. Champagne !

Ce ne fut qu'après la deuxième gorgée qu'il se rendit compte qu'il n'avait pas reconnu le nom du défunt. Un homme était mort et faisait de lui son héritier et il n'arrivait pas à se souvenir de lui. Il relut la lettre et chercha le nom du mort : Fabrice Nile.

Fabrice Nile. Il tourna le nom dans sa tête pendant longtemps, fabricenilefabricenilefabricenile, chercha dans ses clients, dans ses connaissances, dans le ciel de Paris qui était devenu tout noir, mais aucun visage n'apparut. Il repensa à ce matin de Noël mais il n'y avait personne avec ce nom-là là-bas non plus.

Il reprit une gorgée de champagne. Demain, il irait chez le notaire et tout serait dévoilé. Il rentrerait chez lui plus riche, son comptable arrêterait de lui dire qu'il était au bord de la ruine, il n'aurait plus à penser à ces gens d'il y avait longtemps et tout irait bien.

Tout irait bien.

Pendant ce temps, Mme Boule, la vieille concierge de l'hôtel particulier, sortait pour aller inspecter le local à poubelles, en faisant attention de ne pas glisser sur les dalles du jardin qui se couvraient de blanc. Elle pesta : la secrétaire de l'avocat était gentille, mais elle ne mettait jamais ses sacs dans les bonnes poubelles. On avait beau le lui répéter, il n'y avait rien à faire. « Et voilà, qu'est-ce que je disais, le sac noir à côté des cartons. Ah ! là, là ! » Mme Boule mit le sac dans le bon bac et retourna à sa loge en serrant les pans de son gilet contre sa poitrine.

Le lendemain, le camion des éboueurs passerait, emportant une lettre pour Frédéric tombée de la console dans le sac noir sans que personne ne s'en aperçoive. Pourquoi cette lettre-là et pas celle du notaire ? Le destin est coquin, parfois.

5

— C'est une blague ?

Frédéric n'avait pas du tout l'air de rire et le notaire, un quinquagénaire maigrichon avec des lunettes en corne et des ongles cassés, l'avait bien senti.

— Écoutez, monsieur Solis, je ne sais pas quoi vous dire, c'est le seul bien qui fasse partie de la succession, et vous en êtes l'unique héritier. Estimez-vous heureux : au moins vous n'aurez pas d'impôts à payer.

Au milieu du bureau encombré de dossiers, les deux hommes étaient penchés sur une vulgaire boîte en carton. À l'intérieur se trouvaient quatre billets pour un voyage en train, une excursion en bateau, une entrée pour le jardin de Giverny et une pour le musée d'Orsay – tous datés pour des jours de décembre. Il y avait aussi un tube en plastique contenant une feuille de papier à dessin format A3 couvert de croquis et d'inscriptions minuscules à l'encre noire. Détonnant dans tout ce noir, un trait de couleur rouge serpentait parmi les dessins et s'achevait en un point rouge qui ressemblait à une croix. Ni le notaire ni Frédéric ne souhaitaient se couvrir de ridicule, alors ils se taisaient. Mais s'ils avaient su rester enfants, ils se seraient écriés : *CHOUETTE, UNE CARTE AU TRÉSOR !*

Comme ils étaient adultes, ils ne pipaient mot. Enfin, le notaire bafouilla :

— Je dois avouer que de toute ma carrière… enfin, c'est intéressant, ces documents, tout de même.

Son doigt suivait le tracé rouge sur le papier, comme pour inspecter la qualité de l'exécution d'un dessin ancien. Était-ce la carte qui faisait briller ses yeux gris ? Il prit son air le plus détaché pour dire :

— Et vous n'avez aucune idée de sa signification ? On jurerait des énigmes, ces mots, là… un jeu de rôle, peut-être.

Frédéric, les dents serrées, arracha l'acte de succession de dessous la boîte et se mit à l'étudier. Le notaire continua :

— Fabrice Nile était un ami de la famille, dites-vous ?

— Je n'ai pas dit cela, répondit Frédéric sèchement. Avons-nous fini ?

— Eh bien, les papiers sont à jour, tout est signé, reprit le notaire, toujours happé par les mystérieuses arabesques devant lui. Vous voilà propriétaire d'une belle car… enfin d'un beau document. Et de quatre billets. Voilà, voilà.

Frédéric dut tirer la carte de sous les coudes du notaire, qui essayait encore de la lire, comme s'il voulait en enregistrer tous les détails. Frédéric la replaça dans le tube et ferma la boîte. Il avait déjà saisi son manteau en cachemire pour sortir. Les deux hommes se serrèrent la main et échangèrent en vitesse les formules de politesse de rigueur. Mais, alors qu'il avait déjà les doigts sur la poignée de la porte, Frédéric s'arrêta un instant, se retourna et demanda, comme à contrecœur :

— M. Nile et moi n'étions plus proches au moment

de sa mort et je n'ai pas été informé de ses funérailles. Pouvez-vous me dire où il repose ?

Le notaire ouvrit le dossier en équilibre sur la pile à côté de lui. Il lui dit qu'il était enterré à Nantes. Et il ajouta en soupirant, presque pour lui :

— Ah, je suis désolé pour votre... votre ami. Allez donc savoir comment un homme en arrive là. On la croit loin, la misère, avec tous nos biens. Mais finalement, elle est beaucoup plus proche qu'on le pense, et il suffit parfois d'un rien...

— Que voulez-vous dire ? l'interrompit Frédéric.

— Depuis quand ne l'aviez-vous pas vu ? fit le notaire, soupçonneux.

— Longtemps.

— Vous saviez quand même qu'il était sans abri depuis des années ?

— Je... non, je l'ignorais, répondit Frédéric d'une voix neutre.

— Nous avons eu accès à son dossier des services sociaux, c'est tout à fait confidentiel mais si vous faites partie de la famille...

— Je ne...

Frédéric serra les dents pour s'interrompre.

Le notaire le dévisagea et énonça :

— M. Fabrice François Marius Nile, né le 24 juin 1965 à Montigny-lès-Metz, profession : garagiste-concessionnaire automobile, décédé le 8 novembre 2012 à l'hôpital Saint-Nicolas de Pontoise des suites d'une pneumonie. Son état civil nous informe qu'il a été marié le 7 juillet 1987 avec Corinne Billot, décédée le 12 février 1996. Sans enfants, pas de frères et sœurs, parents décédés... Il était enregistré sans emploi depuis 1997 et sans domicile fixe depuis 1998. Il a séjourné à l'hôpital Saint-Nicolas à Pontoise à plusieurs reprises pour complications dues à l'alcoolisme…

— Je vous remercie, maître. En vous souhaitant une bonne journée.

Et, sans le faire exprès, ou pas trop, Frédéric claqua la porte.

6

Une demi-heure plus tard, sa boîte sous le bras il marchait, dans les allées blanches du jardin de Bagatelle. Il devait déjeuner avec John Witherspoon, un client ; il était en avance.

Somptueux Bagatelle, l'un des plus beaux jardins de Paris. Caché dans un coin tranquille du bois de Boulogne, entre les avenues chics du seizième arrondissement et les hôtels particuliers de Neuilly, ses allées attirent rarement les touristes, et jamais les foules. Ses rosiers splendides, ses paons et son orangerie d'où s'échappent des notes de musique classique, tels sont les secrets des promeneurs huppés et des flâneurs sensibles. Frédéric y était souvent venu avec Marcia les matinées d'été. Marcia était belle en toutes saisons, mais l'été à Bagatelle la rendait solaire. Marcia… ni ce souvenir-là, pourtant douloureux, ni la rencontre imminente avec John, sur laquelle il devait absolument se concentrer, ne parvinrent cependant à distraire Frédéric de sa boîte et de Fabrice Nile.

Il s'assit sur un banc dans l'un des recoins de la roseraie. Regarda autour de lui si personne ne l'épiait puis se trouva ridicule. De toute façon, le parc était presque vide. Il ouvrit la boîte et inspecta d'abord les tickets.

Le premier était un billet de train pour le 15 décembre au départ de la gare Saint-Lazare (départ 10 h 57) à destination d'Éragny-Neuville (arrivée 11 h 31). Il comportait les numéro du train, de la voiture et du siège.

Éragny. Il sourit. Il avait été tellement surpris chez le notaire qu'il n'avait pas remarqué la relation évidente entre tous ces tickets : les peintres impressionnistes. Le ticket pour Giverny, d'abord, le jardin de Claude Monet – cela ne lui avait pas échappé. Le musée d'Orsay, ensuite, qui possédait la plus grande collection d'œuvres impressionnistes au monde. Plus subtils, les billets de train et de bateau : était-ce vraiment une coïncidence qu'ils proposent d'emmener Frédéric à Éragny et Vétheuil… deux villes sur les berges de la Seine, dans cette région peinte par les artistes qui y résidaient, soit Renoir, Monet, Pissarro, Sisley, Gauguin et compagnie ?

Frédéric continua son inspection.

Le deuxième billet donnait donc droit à une croisière en bateau au départ de Vétheuil avec la compagnie Au fil de la Seine, le 18 décembre. Il chercha l'heure d'embarquement et c'est ainsi qu'il découvrit une inscription à la main, à l'encre rouge, sur l'envers du carton :

Souviens-toi de ce bel amour
Qui cachait l'hiver en son sein

Un rapide coup d'œil lui apprit qu'il en était de même pour tous les tickets. Au dos du troisième, une entrée pour le jardin de Claude Monet à Giverny, le 22 décembre, quelqu'un avait écrit :

Cueille à temps les féeries de ton étang
Ou règne bientôt sur un océan
De fleurs fanées.

Que signifiaient ces énigmes ? Rien n'avait de sens. Sur le ticket d'entrée du musée d'Orsay à Paris, daté du 24 décembre, était écrit :

L'altière paix des choses.

Il reprit le billet de train pour découvrir, au dos aussi, l'inscription :

Un grand départ pour une impression nouvelle,
Mets tes pas dans ceux des Refusés.

Son visage s'éclaira : enfin, il pouvait décoder ce message-là. L'« impression nouvelle », surtout sur un ticket de train, faisait référence au tableau de Monet *La Gare Saint-Lazare*, résolument *impressionniste.* Et les Refusés étaient les impressionnistes eux-mêmes, qui avaient été refusés par le jury du prestigieux Salon, seul arbitre de la qualité artistique de l'époque ; les amis de Monet avaient exposé à la place dans ce qui était officieusement appelé le Salon des refusés.

Il étudia ensuite la carte au trésor. Mais il n'y vit pas de signification plus profonde que lors du premier coup d'œil. Les dessins ne semblaient avoir aucun rapport avec les impressionnistes.

Y étaient dessinés une voiture de collection, une tête de mort, comme le Jolly Roger des pirates, des marguerites dans un pot, la main d'un vieillard, une portée musicale, un profil de femme dans un cadre en cœur, des nuages, un pont dans la campagne, une suite de cartes à jouer contenant trois rois et un joker. Puis des mots : « vérité », « tolérance », « jardin », « amour ». D'autres dessins et symboles qu'il n'arrivait pas à déchiffrer. Et, parmi tous ces éléments, ce chemin rouge qui menait à la croix.

Frédéric replaça le tout dans la boîte et la ferma avec délicatesse. Ses mains étaient rouges et il souffla dessus pour les réchauffer. La vapeur de son souffle monta dans le ciel blanc que vint rayer l'envol d'une pie. Il fourra ses mains dans les poches de son manteau. Dans l'allée, deux adolescentes vêtues comme en automne piaffèrent à la vue du beau mec sur le banc. Il détourna les yeux. Deux petits rouges-gorges sautillaient sur la neige, picorant à l'unisson. Parfois, ils déterraient des miettes de terre. Leurs pattes laissaient des traces minuscules. Et la vie de Frédéric foutait le camp.

Imperceptiblement, sans un bruit, elle déraillait. Frédéric avait suivi le tracé de son ascension annoncée, marché dans les clous. Et à présent, un homme qu'il ne connaissait pas, un homme *mort*, lui demandait de prendre un train. Puis un bateau. Puis de se rendre dans un jardin. Lui faisait miroiter des paysages impressionnistes et une chasse au trésor. Lui donnait des rendez-vous. Des *rendez-fous*.

Il détestait cet homme. Pour qui se prenait-il, ce marionnettiste qui jouait avec son imagination et en emmêlait les fils ? Ce Fabrice Nile, ce fantôme qui sentait les bancs nocturnes ? Qui lui jetait à la figure de l'*imprévu*, cette chose détestable ?

Il se mit à neiger. Les flocons étaient glacés sur

son visage et Frédéric remarqua qu'il fixait depuis un moment une poubelle en grillage vert près des parterres. Un employé du parc viendrait la vider bientôt. Frédéric soupira. Oui, il pouvait déposer là son héritage étrange. Il l'y voyait déjà : la boîte pliée et éventrée, les tickets qui tombaient au fond, le tube coincé au couvercle entrouvert. C'en serait fini de Fabrice Nile, de ses trains, de ses peintres et de son imprévu. Frédéric remettrait alors ses pas sur le chemin des jours familiers. Et passerait ses nuits à contempler deux mots aussi petits que des pattes d'oiseau : *et si... ?*

Il existait une troisième solution, bien sûr. Il prit son téléphone et ses doigts gelés composèrent le numéro de Pétronille.

— Bonjour, pouvez-vous me faire une recherche, s'il vous plaît ? Fabrice Nile, N-i-l-e, Fabrice. Il vient juste de décéder, enterré à Nantes, je vous envoie les détails par e-mail. J'ai besoin de tout ce que vous pourrez trouver sur cet homme.

Pétronille lui assura qu'elle ferait de son mieux. Puis lui demanda timidement trois jours de congé pour le quarantième anniversaire de mariage de ses parents, juste avant Noël. Frédéric lui répondit qu'il ne trouvait pas raisonnable de prendre des vacances alors qu'il y avait tant à faire sur le dossier Witherspoon. Elle fut déçue mais Frédéric n'avait pas de patience pour ces sentiments-là. Il employait Pétronille à ses propres frais, travaillait soixante-dix heures par semaine et il lui fallait quelqu'un pour s'occuper de ses affaires privées et de son agenda social – ce que Pétronille faisait plutôt bien, quoique ses nombreux impératifs familiaux commencent à être encombrants. Il faudrait la presser sur le dossier Nile. Il voulait avoir percé le mystère avant de prendre le train. Dans quatre jours.

Il saisit sa boîte et son tube et se hâta vers le restaurant de l'autre côté du parc. Il fallait oublier Fabrice Nile et se concentrer. Ce divorce-là allait être difficile. John Witherspoon était un financier américain installé à Paris, sexagénaire et sexiste, gastronome invétéré et *serial*-divorcé. Frédéric avait réglé son troisième divorce sept ans auparavant et John, sa fortune presque intacte malgré ses infidélités, avait loué à ses congénères millionnaires les talents de ce jeune avocat qu'il avait depuis pris sous son aile dodue. C'était John qui l'avait fait entrer chez Dentressengle-Espiard & Smith, à qui il confiait toutes ses affaires privées ainsi que celles de ses nombreux *business*. Frédéric et John avaient entamé la procédure pour un quatrième divorce presque en chantant, et ils avaient rendez-vous pour discuter affaires à La Roseraie, le restaurant du jardin de Bagatelle et l'une des tables les plus prestigieuses de la capitale. Frédéric déposa son héritage au vestiaire et rejoignit la table de Witherspoon.

Le déjeuner fut excellent mais fastidieux. La nouvelle petite amie de John, Iko, les avait rejoints. C'était une Japonaise aux yeux de manga, magnifique et diplômée, qui adressa un sourire délicieux à Frédéric quand il arriva. John était d'humeur belliqueuse. Il se plaignit de la qualité du service, qui se dégradait partout à Paris, des serveurs qui ne connaissaient pas leur place. En France, tout prenait trop de temps, les fonctionnaires étaient insupportables, s'il y avait tant de chômage c'est que personne ne voulait travailler, et l'insécurité grandissante devenait intolérable. Quelques jours plus tôt, Iko s'était fait voler son vison dans le vestiaire d'un restaurant étoilé. Le patron avait décliné toute responsabilité. Une honte.

— Tiens, d'ailleurs, Solis, à l'occasion, entre deux

rendez-vous, pourrais-tu faire une petite lettre à ce resto, histoire de leur faire comprendre qu'on ne plaisante pas avec Witherspoon ? *Damn it !*

Et, sans attendre la réponse de Frédéric, il continua sa complainte, qui cette fois concernait sa future ex-femme, annonçant à la tablée que samedi prochain, au meeting, elle verrait de quel bois il se chauffait.

Mais Frédéric n'écoutait plus. S'il avait été attentif à ce qui se passait autour de la table, il aurait vu que John Witherspoon prenait très mal les yeux doux que faisait sa petite amie à son avocat. Lequel n'avait de pensées que pour sa boîte et que l'histoire du vison au vestiaire inquiétait. Et si on lui volait son héritage ? Nul autre que lui ne pouvait prétendre à la carte, aux tickets, au tableau impressionniste. Il s'en voulait de se laisser aller à supposer qu'au bout de l'aventure l'attendait une œuvre d'art. C'était absurde et improbable. Pourtant, autant se l'avouer, c'était à cela qu'il rêvait, Me Solis, devant son steak au poivre, tandis que son plus gros client parlait divorce. Il était urgent de récupérer sa boîte. Après ce qui lui sembla être une éternité, le café fut servi et Frédéric prit congé de ses hôtes. John le salua en lui disant : « On se voit samedi, hein, Solis, avec ma femme et son avocat. Et cette fois on va faire avancer les choses, parce que ça traîne un peu, OK ? »

Frédéric lui serra la main et se dirigea vers le vestiaire. La boîte était toujours là, rien n'y manquait. Il sauta dans un taxi. Ce fut en fermant la portière de celui-ci qu'il réalisa que le rendez-vous avec John avait lieu ce samedi. Samedi 15 décembre. Le jour du billet de train.

7

Pétronille se trouvait dans une cabine d'essayage, en culotte et soutien-gorge dépareillés, tentant de passer une robe bleue qui menaçait d'être une taille trop petite. Elle s'était plainte de n'avoir rien à se mettre pour la soirée anniversaire des quarante ans de mariage de ses parents alors qu'il lui restait encore plein de temps, mais Dorothée – qui possédait déjà sa tenue – avait dit qu'il fallait s'en occuper aujourd'hui. Dorothée n'était pas du genre à faire les choses à la dernière minute. Et Pétronille l'écoutait toujours.

Son téléphone portable affichait 13 : 08. Elle était au beau milieu de sa pause déjeuner. Elle avait déjà fait des heures sup, cette semaine, et on était seulement mercredi midi. Mais il n'y avait rien à faire : Pétronille se sentait aussi minable d'être dans cette boutique de l'avenue Montaigne que si elle avait piqué dans le portefeuille de Frédéric. Elle avait déjà perdu assez de temps avec ces histoires de fringues. Ce serait ici, dans cette boutique, ou jamais. Il fallait que la robe aille.

Alors qu'elle se débattait toujours avec son vêtement, elle se demanda pourquoi elle se sentait si coupable. « C'est en cessant de vouloir impressionner votre entourage que vous pourrez enfin vous épanouir. » Elle avait lu ça dans un horoscope quelconque et c'était resté dans sa tête, car c'était sûrement vrai. Elle voulait toujours impressionner tout le monde. Elle avait commencé des études de droit pour impressionner son père, alors que sa vocation était la pâtisserie. Si elle avait fait monter Dorothée dans l'appartement de Frédéric, c'était, pour être honnête, pour impressionner sa sœur. Et, plus que tout, elle voulait impressionner Frédéric. Tout d'abord parce que Frédéric avait quelque chose qui poussait les gens à nourrir ce genre d'attitude et que, jusqu'à présent, elle avait été très loin d'être impressionnante, parce qu'il était bel homme. Parce que tout lui réussissait et parce qu'elle en pinçait pour lui. Oh non, elle l'avait *pensé* ! Elle remua la tête pour en chasser cette pensée embarrassante – surtout alors qu'elle était à moitié nue. Non, non, non, je ne suis pas amoureuse de Frédéric.

La deuxième raison de cette culpabilité aiguë était ce Fabrice Nile. Le dossier vide.

Un bras en l'air, la robe coincée au-dessus de la poitrine, l'autre bras essayant de descendre dans le dos une fermeture éclair déjà abaissée au maximum, la tête rejetée en arrière de peur de mettre du fond de teint sur la soie azur et les yeux fermés, suppliant « Il faut pas que ça craque, il faut pas que ça craque » ; ce fut dans cette position que la sonnerie de son téléphone trouva Pétronille. Elle ouvrit les yeux, contorsionna tout son corps vers son sac à main, réussit à libérer une main et agrippa le portable. C'était Frédéric.

Il n'y avait aucune possibilité technologique pour que celui-ci puisse la voir, à ce moment précis, dans le salon d'essayage de cette boutique huppée, en sous-vêtements délavés, avec la marque de ses chaussettes sur ses mollets blancs. Mais, juste au cas où, Pétronille prit la décision douloureuse de ne pas répondre. Son gros orteil saisit son jean et le posa délicatement sur le téléphone portable pour en étouffer la sonnerie.

— Nini, ça va ?

C'était Dorothée qui s'impatientait.

— Euh, c'est encore trop tôt pour le dire, mais je suis optimiste, fit Pétronille, qui arriva enfin à faire passer la robe au niveau de la poitrine. Mais il y avait toujours le problème des hanches. Et aussi le problème de Frédéric. Déjà, un *bip bip* signalait un message dans sa boîte vocale. C'était un supplice. Elle cessa de respirer et tira un dernier coup pour faire descendre la robe qui daigna enfin passer. Maintenant le vêtement était tout froissé, et Pétronille en sueur. Elle regarda le résultat dans le miroir. Aïe. Aïe aïe aïe aïe aïe aïe. Puis elle se ressaisit, rentra le ventre, redressa la poitrine, mit ses cheveux en chignon, arqua le dos, plia une jambe, se cambra, fit la moue, se mit de profil, posa une main sur une hanche, l'enleva, fit semblant de rire à un compliment imaginaire, se tint sur la pointe des pieds, défit ses cheveux et se contorsionna pour regarder son derrière. Trois kilos à perdre. Quatre juste pour être sûre. À dix jours de la soirée, c'était possible. Il suffisait de se mettre au régime maintenant-tout-de-suite, et commencer par ne rien manger aujourd'hui.

— Alors ? demandait Dorothée.

— Parfaite. Je la prends, répondit Pétronille, toujours dans le salon d'essayage.

— Ben fais voir.

— Nan, nan, là…, objecta Pétronille.

Mais Dorothée avait déjà ouvert le rideau et regardait sa sœur avec des yeux ronds.

— Nan, mais là, tu me vois, je suis pas bien maquillée, et puis je viens de manger un sandwich, alors forcément, ça me boudine, mais c'est bon. Il faut que je file, Frédéric a appelé.

Elle avait déjà commencé à enlever la robe.

— Attends, fit Dorothée, tu peux pas partir avant d'avoir choisi tes chaussures…

— Ah oui, zut ! les chaussures…

D'ordinaire, Pétronille adorait le *shoe shopping* – car peu importait son poids, les chaussures allaient toujours. Mais là, elle avait une boule dans le ventre rien que de penser au message de Frédéric. Elle vit que Dorothée avait compris son désir de partir le plus vite possible et Pétronille se sentit – si c'était possible – encore plus coupable : voilà un moment privilégié entre les deux sœurs, et tout ce à quoi Pétronille pouvait penser était son satané boulot. Heureusement, Dorothée, consciente de l'émotion de sa sœur, lui demanda doucement en s'asseyant à côté d'elle dans le salon d'essayage :

— Ben alors, ma Nini, toi qui adores acheter des chaussures… C'est quoi qui te chiffonne ?

À ces mots Pétronille se dégonfla comme une baudruche. Courbée dans sa robe bleu azur dont l'étiquette dépassait dans le dos, elle déballa tout à Dorothée. Qu'entre la fac et le mi-temps avec Frédéric, elle travaillait comme une acharnée, semaine ET week-end. Qu'elle avait mille et une choses stupides à faire, des trucs qu'une stagiaire de seize ans pourrait se coltiner, comme les photocopies, la gestion de la collection d'art de l'avocat, de ses notes de frais, la maintenance de son site web, l'organisation de ses déplacements, les paperasses pour le comptable, apporter et chercher ses costumes au pressing, acheter un nouveau chargeur pour son Smartphone (« Trois heures rien que l'aller-retour à l'Apple Store, tu le crois, toi ! »). Que Frédéric lui donnait à faire des trucs pourris comme appeler ce client insupportable, Witherspoon, pour confirmer des rendez-vous, alors que ce devait être la responsabilité de sa secrétaire chez Dentressengle-Espiard & Smith (« qui j'en suis sûre gagne trente fois plus que moi »). Elle se décarcassait jusqu'à ne plus dormir et ne plus manger (« Ça ne se voit pas comme ça, mais j'ai sauté plein de repas »). Cependant, Frédéric ne remarquait toujours que les choses qui n'allaient pas. En plus, elle rougissait chaque fois qu'elle le voyait, c'était hyper embarrassant et pas impressionnant du tout. Elle lui dit son refus de lui accorder les jours de congé avant la soirée-surprise pour ses parents. Puis cette idée qu'elle avait eue de proposer de confectionner une pièce montée de quatre-vingts choux et de nougatine pour l'occasion – elle n'aurait jamais le temps. Et en parlant de gâteau, la cerise, c'était ce dossier Fabrice Nile. Un mec – *mort* en plus – venu de nulle part sur lequel son boss voulait tout savoir, et ça avait l'air très important. Elle ignorait même pourquoi elle devait récolter les infos, parce qu'il n'apparaissait sur aucun des dossiers de Frédéric. Elle n'avait aucune piste. Rien sur Google, rien dans les journaux, rien dans les annuaires. Elle avait même cherché sur Facebook, sans succès. C'était comme si ce mec n'avait jamais existé. En plus, elle n'avait aucune autorité légale pour demander les informations confidentielles, vu qu'il n'était pas partie prenante d'une affaire en cours. Demain matin, elle devrait rendre son dossier. Vide.

Dorothée, qui avait tout écouté sans broncher, lui dit enfin :

— Je te propose un deal : toi, tu oublies tout ça

pendant – elle regarda sa montre – quarante-quatre minutes. Pendant ces quarante-quatre minutes, tu éteins ton téléphone, tu t'éclates et tu choisis ici même les chaussures les plus extraordinaires que tu puisses trouver. Moi, de mon côté, et c'est ma part du deal, je t'aide pour ton dossier Fabrice Machin. On le fait à deux. Veux-tu être mon *alcolite* ?

— OK, murmura Pétronille dans un petit sourire timide. (Elle posa sa tête sur l'épaule de sa sœur.) Tu es la meilleure sœur du monde.

Dorothée prit le téléphone de Pétronille, l'éteignit et dit avec autorité :

— Fais-moi voir cette robe.

Pétronille se redressa et prit la pose. Dorothée l'inspecta avec le plus grand sérieux et dit enfin avec un grand sourire fier :

— Impressionnante !

Quarante-quatre minutes plus tard, Pétronille sortait avec un sac qui contenait la robe, des escarpins fabuleux et les conseils précieux de Dorothée. Pour le dossier, elle dirait seulement qu'elle était sur une piste prometteuse, mais qu'il était encore trop tôt pour avancer quoi que ce soit. Et dès demain, elle irait fouiner du côté de Pontoise, dans l'hôpital où ce Fabrice Nile avait passé les dernières semaines de sa vie. Elle mettrait les mains dans le cambouis, Pétronille, mais ça allait être bien.

Le cœur plus léger, elle ralluma son téléphone portable juste avant d'arriver à la station de métro. Quand elle entendit le message de Frédéric, ses épaules retombèrent. *Argh !* Il lui demandait de faire l'une des choses qu'elle détestait le plus : appeler John Witherspoon avec une mauvaise nouvelle. Il allait mal le prendre, c'était sûr : Frédéric annulait le rendez-vous de ce samedi et lui demandait de le reprogrammer pour lundi. Comme elle détestait ce milliardaire ! Il prétendait traiter Frédéric comme son fils ; alors, son vrai fils devait être bien à plaindre. Pétronille n'avait pas le cœur de l'appeler maintenant. Elle le ferait plus tard, du bureau.

Ce ne fut qu'au moment de passer les tourniquets du métro qu'elle réalisa que c'était la première fois que Frédéric annulait un rendez-vous avec un client.

8

Frédéric regarda sa montre : 21 h 46. Il était assis dans un fauteuil moderniste, sa chemise de smoking ouverte sur son torse, les yeux dans son Sisley. L'e-mail de Pétronille s'affichait sur l'écran de son Smartphone posé sur sa cuisse : « Je suis sur une piste… » 21 h 47. Quand allait-il trouver le courage d'appeler Dany pour lui dire qu'il ne viendrait pas ce soir ?

Dany Simonet avait divorcé de son mari de trente-cinq ans l'année même où elle avait été couronnée actrice préférée des Français par *Télé-Star* pour son rôle dans une série policière de TF1 – six ans auparavant. Depuis, elle affichait son sourire botoxé de soirée en soirée – dont elle et son nouvel époux, de vingt ans son cadet, organisaient la plupart. Frédéric avait réglé son divorce et son contrat prénuptial ; depuis, elle insistait pour qu'il soit à ses côtés à toutes ses fêtes et ne se privait pas de flirter avec lui quand elle avait trop bu. C'était grâce à elle que, cinq ans plus tôt, Frédéric avait rencontré Marcia – elle qui pourtant n'aimait pas les soirées. Mais on ne refusait pas une invitation de Dany ; son carnet d'adresses comptait le *Who's Who* du showbiz. Et ce soir, elle avait personnellement envoyé un message à Frédéric pour lui dire qu'elle avait une surprise. Mais ce soir, pour la première fois depuis qu'il la connaissait, il allait décliner l'invitation. À la dernière minute. Elle serait fâchée. Bah, demain il lui enverrait Pétronille avec une gerbe de fleurs monumentale et un petit mot flatteur et tout serait oublié. Il appela Dany, fut soulagé d'avoir son répondeur et prétexta un ennui de santé.

Il se leva pour prendre un paquet de cigarettes dans le tiroir de la console. Il fumait parfois en soirée, mais ne s'autorisait jamais de cigarette chez lui. Ce soir, il ne pouvait pas s'en empêcher. Il alla jusqu'à la fenêtre, et les volutes de fumée dansèrent devant la ville scintillante. La vérité était que, depuis le rendez-vous du notaire (ou était-ce la réception du Sisley ?), il se sentait pris d'une étrange fatigue particulièrement handicapante. Il n'avait pas dormi depuis quatre nuits et avait beaucoup de mal à se concentrer au bureau. C'est sûr, il vieillissait. Il était habitué à travailler quatorze heures par jour, six jours par semaine, depuis l'université, mais il aurait quarante ans l'année prochaine. Combien de temps pourrait-il continuer à ce rythme-là ? Il lui fallait des vacances. Certes, il allait à Monaco pendant le Grand Prix, à Saint-Tropez ou à Deauville quelques week-ends l'été, à Gstaad ou à Verbier quelques week-ends, l'hiver – mais c'était professionnel, des déplacements nécessaires pour élargir son *network*, et il était d'ailleurs souvent l'invité de Dany, de John ou d'autres clients généreux. Il s'autorisait seulement des échappées à New York lors des grandes ventes de tableaux impressionnistes chez Christie's – serrant les dents en voyant d'autres amateurs immensément plus riches que lui emporter des Monet et des Van Gogh à quinze ou vingt millions de dollars. Un jour, ce serait lui. Un jour, il vivrait à nouveau le bonheur intense ressenti lorsque le commissaire-priseur de chez Sotheby's avait « adjugé vendu » *Snow at Marly* d'Alfred Sisley pour cinq cent trente mille dollars à Mr. Frédéric Solis. Un jour, lui aussi pourrait faire un signe de la main à Londres ou à New York devant un Monet. Tout ce qu'il avait à faire était de continuer à travailler plus dur que les autres et entretenir son carnet d'adresses.

Il réalisa alors que deux fois dans la même semaine il n'avait pas respecté sa règle d'or : ne jamais annuler un rendez-vous avec des clients. Il se sentait coupable, bien sûr. C'était pour cela qu'il avait demandé à Pétronille plutôt qu'à Catherine, sa secrétaire officielle chez Dentressengle-Espiard & Smith, de reporter le rendez-vous avec Witherspoon. Sa réputation devait être préservée. Frédéric Solis n'annulait jamais ses rendez-vous, point barre.

Alors, pourquoi ce manquement soudain ? Ce n'était pas que la fatigue. C'était une conviction absurde, irrationnelle et dangereuse qui le tenaillait et qui revenait sans cesse : l'idée que la carte de Fabrice Nile le mènerait à un tableau impressionniste.

Il ne voulait pas y penser et pourtant il y pensait. Ça arrivait bien, qu'on retrouve des chefs-d'œuvre dans des greniers. Particulièrement des œuvres de peintres de la fin du XIXe siècle ou du début du XXe siècle qui moisissaient chez des gens tellement habitués à les voir qu'ils n'en reconnaissaient plus la valeur. Ainsi, des dizaines de toiles avaient disparu de la maison de Pissarro, vandalisée pendant la guerre de 1870, d'autres lors des deux guerres mondiales. Peut-être les retrouverait-on un jour cachées chez des particuliers. Cependant, dans cette catégorie on trouvait rarement les Monet, justement parce qu'ils étaient devenus si célèbres.

Mais ce qui le perturbait était plutôt une deuxième conviction. Il voyait dans le nom de Fabrice Nile un autre nom en filigrane. Le seul nom qui jetait une ombre sur sa vie. Le seul nom qui signifiait mystère et silence. Le seul… le seul qui le faisait se réveiller la nuit. Frédéric écrasa sa cigarette dans son cendrier Hermès, prit son téléphone et écrivit un e-mail à Pétronille.

> Re. dossier Fabrice Nile. Merci d'enquêter connexion possible avec ERNEST VILLIERS.

L'e-mail était à peine parti que son téléphone sonna : c'était Dany. Il le laissa sonner, prit sa carte au trésor, se rassit dans son fauteuil et se mit à rêvasser, les yeux dans les gribouillis minuscules de Fabrice Nile. Ils avaient une façon de lui parler, ces dessins, au-delà de leur mystère. Ce trait pourtant désordonné avait une certaine grâce, une beauté rugueuse qui faisait oublier la mauvaise qualité du papier. Frédéric observa longtemps la grande feuille posée sur ses genoux, puis son regard se brouilla ; les trois nuits sans sommeil le rattrapaient.

Mais tout à coup, il s'éveilla complètement et ouvrit grands les yeux : dans un coin du dessin, à côté de la main de vieillard, il y avait un point noir, comme une note sur une portée. Il s'en approcha. Ce n'était pas une note, mais une pie sur une barrière, dans un paysage enneigé. Frédéric n'eut aucun doute, de détail provenait de l'un des tableaux les plus connus de Claude Monet : *La Pie*.

9

Pour la quatrième nuit consécutive, Frédéric n'arrivait pas à dormir. Sur son réveil digital, 23 : 59 devint 00 : 00 et le 14 décembre devint le 15. Une autre porte qui s'ouvre sur le calendrier de l'avent, se dit-il.

Et soudain il eut devant les yeux le 5 décembre 1979, dans une petite maison d'un bourg de Normandie. C'était un dimanche, parce qu'il y avait *L'École des fans* à la télé en noir et blanc et que Frédéric avait le droit de regarder. Sa mère faisait du repassage et Pino Latuca accompagnait au piano le *psschh* du fer.

La porte d'entrée grinça.

— C'est moi ! J'en ai trouvé un grand !

Frédéric détala de la banquette pour aller trouver son père, embarrassé d'un sapin de Noël qui faisait deux fois la taille de l'enfant.

— Ils viennent juste de les recevoir chez Mammouth, j'ai pris le plus beau.

Sa mère ne leva pas les yeux mais marmonna « Oh là, là, il va y avoir des aiguilles partout ». Effectivement, l'arbre avait laissé derrière lui une traînée d'aiguilles, de petites branches et de terre jusque dans la salle à manger.

Frédéric aida son père à installer le sapin dans le

coin entre la cheminée et la petite bibliothèque aux portes vitrées sur laquelle se trouvaient le téléphone, l'annuaire et, punaisé au mur, le calendrier. Puis ils se dirigèrent tous les deux vers la remise où son père, juché sur un escabeau, descendit le carton avec les décorations de Noël.

Cet après-midi-là, Frédéric était tout absorbé dans la décoration du sapin, et son père aussi. Mais de temps en temps, quand sa mère venait avec son petit balai ramasser les aiguilles et les fils argentés des guirlandes, ils parlaient de choses de parents. Ils continuèrent alors que sa mère installait la crèche, et Frédéric nota juste, dans sa petite tête d'enfant :

— Non, tu ne peux pas aller chez le dentiste mardi, disait son père, c'est le jour où je dois me rendre à Giverny et je vais rentrer tard. Je te l'ai dit avant-hier. En plus je l'ai marqué sur le calendrier pour ne pas que tu oublies. Regarde.

Il pointait du doigt le calendrier ouvert à la page de décembre où une main d'enfant avait aussi griffonné « Papa Noël » sur le 25.

— Qu'est-ce que tu vas y faire, à Giverny ? demanda son épouse.

— Exactement ce que je t'ai dit avant-hier : c'est pour le calendrier 81. Roger veut y mettre *Les Meules de foin* de Monet, tu sais, le peintre. Il faut négocier avec les héritiers, et comme on n'est pas loin de Giverny, mieux vaut le faire en personne. C'est Roger qui a fixé ce rendez-vous. Frédéric, attention de ne pas t'électrocuter avec la guirlande électrique. Tiens, laisse-moi faire, mon garçon.

Et Frédéric se souvint, trente-deux ans après, que l'image du calendrier, au-dessus du téléphone, qui illustrait le mois de décembre, était *La Pie* de Monet.

10

De l'autre côté de Paris, dans son studio du douzième arrondissement, où elle travaillait tard, Pétronille reçut le message de Frédéric. Ernest Villiers. Le nom lui disait quelque chose, mais elle ne pouvait pas le resituer. Tous les clients de Frédéric avaient une renommée quelconque, elle avait sûrement vu le nom de Villiers dans un article de journal. Elle nota « Villiers/FNile » sur sa longue liste de choses à faire et sursauta à la lecture du nom « Witherspoon » souligné en rouge : elle avait oublié de l'appeler pour reporter le rendez-vous. Demain matin, première heure, sans faute. Pour ne pas l'oublier, elle surligna son nom au marqueur orange.

Pétronille était épuisée, mais elle ne trouvait pas le courage d'aller se coucher. Alors elle surfait sur le net, sa joue affalée sur son poignet, son coude en équilibre sur une pile de documents. Elle pensait à la soirée des quarante ans de mariage de ses parents. Oh, il n'y aurait rien de très luxueux, ce serait chez Dorothée, à la bonne franquette. Sauf que Dorothée faisait toujours les choses en grand et son appartement, déjà chic, serait transformé en palais fabuleux. Dorothée lui avait dit qu'elle avait prévu une personne de plus. C'était à cause de l'horoscope, elle y tenait. C'était absurde, bien sûr. Comment Pétronille pourrait-elle rencontrer quelqu'un en huit jours ?

Malgré tout, la jeune femme s'imaginait au bras d'un homme. Un homme, grand, brun, brillant, aux manières impeccables, en smoking… À qui les autres invités demanderaient comment étaient les soirées chez Castel avec Dany Simonet…

Pétronille se redressa tout d'un coup, et essaya de s'extirper cette pensée embarrassante de l'esprit. Il fallait vraiment qu'elle aille au lit. Surtout que, demain – ou plutôt ce matin –, elle aurait besoin de toute sa concentration pour aller enquêter au fameux hôpital de Pontoise.

11

Samedi 15 décembre, 10 h 50, gare Saint-Lazare. Frédéric serrait son billet dans sa main froide et attendait, comme tant d'autres, le cou tendu, sous le grand tableau des départs. La gare ne ressemblait en rien à celle qu'avait peinte Monet en 1877 : les volutes de vapeur bleue, les nuances vert-de-gris, la poésie, tout avait disparu. Priait-il pour que ce train n'arrive jamais ? Les chiffres du tableau changèrent en même temps que les haut-parleurs annonçaient que le train à destination d'Éragny-Neuville était prêt à l'embarquement quai 12. Frédéric sentit son estomac se tordre. Il se dirigea vers le quai et y avança plus lentement que tout le monde. Il fut heurté par une valise à roulettes trop pressée. Voiture 12, deuxième classe. Voilà. Il n'avait plus qu'à monter. Et s'il était en danger ? Allait-il se jeter dans un guet-apens mortel ?

Il regarda autour de lui, mais que cherchait-il ? Un visage familier ? Quelqu'un qui l'épiait, peut-être ? Un tueur à gages embusqué derrière un kiosque ? Tous les voyageurs étaient absorbés par ce qui les attendait au terme du parcours, pratiquement déjà arrivés avant même d'être partis, la crainte d'un inconfort quelconque étant la seule concession au moment présent.

C'est alors que Frédéric montait le marchepied du train Intercités que toutes ses nuits d'insomnie vinrent assaillir son corps et sa tête. Il se sentit soudain très fragile. Comme s'il accédait à une réalité qui n'était plus la sienne. Entrait de plain-pied dans cet imprévu qu'il détestait.

Il arriva à la place notée sur le billet. Côté fenêtre. Quelqu'un était déjà installé sur son siège. Un adolescent, dix-sept ans tout au plus, bonnet de laine cousu d'une tête de mort, tatouages et jean déchiré, écoutait son MP3 – la musique qui émanait de ses écouteurs était tellement forte que tout le wagon profitait du tintouin. Frédéric soupira. Il n'avait aucune patience vis-à-vis des enfants ; particulièrement de ceux qui se prenaient pour des adultes, et encore moins à l'égard de ceux qui jouaient les durs. Il lui tapa sur l'épaule.

— Excusez-moi, c'est ma place.

— Ah, excusez-moi, monsieur. Pardon.

La politesse du garçon, à laquelle Frédéric ne s'attendait pas, lui fit regretter sa sévérité. Alors qu'il s'asseyait sur le siège que l'adolescent lui cédait, il répondit :

— Je vous en prie.

L'échange avec son voisin lui avait momentanément fait oublier son malaise. Mais à présent qu'il était installé et que le contrôleur annonçait la fermeture des portes, plus de demi-tour possible. Pour se donner de l'importance, il pianota sur son Smartphone. Bientôt la batterie rendit l'âme. Il essaya de se concentrer sur son agenda électronique. Pétronille avait oublié de lui confirmer la nouvelle date pour le rendez-vous avec John. Et le rapport Fabrice Nile ? Il lui envoya un SMS laconique la pressant de lui présenter les résultats de ses recherches lundi matin au plus tard. Décidément, les performances de Pétronille laissaient beaucoup à désirer ces derniers temps. Mais même cette pensée ne réussit pas à le distraire bien longtemps. Il scruta les autres passagers. Personne ne lui prêtait attention. Les voyageurs étaient tous parfaitement placides et indifférents, bercés par l'illusion d'une connaissance absolue de ce qu'ils allaient trouver à l'arrivée de ce train.

À la fenêtre défilent les paysages de banlieue, les tags et les dépôts abandonnés. Si différents, se dit-il, du temps des impressionnistes que les trains à vapeur emmenaient vers les guinguettes des bords de Seine. Le roulement régulier faillit le faire céder à sa fatigue. Il fut tiré de sa rêverie par l'adolescent à côté de lui.

— La musique ne vous dérange pas ?

— Non, ça va, mentit Frédéric.

Après une pause, le garçon fit :

— J'ai besoin de son dans ma tête. Parce que là, je vais voir mon père.

Frédéric sourit poliment, espérant tout bas que son voisin s'en tiendrait là.

— Je l'ai jamais vu, mon père. Ça m'a pris un moment pour le retrouver, mais maintenant que je sais où il est, je le lâche plus. Il avait l'air content que je vienne le voir. Il habite Argenteuil. Moi, je suis jamais sorti de Paname. Mais Argenteuil, c'est pas si loin. Dire qu'il était là toute ma vie, si près, c'est juste un ticket de train. Ça m'a coûté que dalle avec ma carte de réduction. Moi qui le croyais, je sais pas, moi, genre à Tombouctou.

« Tombouctou » fit rire l'adolescent.

— À un moment, il faut chercher sa vérité personnelle, mec. Vous connaissez Platon, le philosophe ? On l'étudie en cours. Les autres, y disent que c'est lourd, moi, j'trouve ça intéressant. Il disait qu'on passe sa vie dans une grotte et qu'on voit que les ombres. Que les ombres, et il a pas tort, les ombres, c'est plus facile à gérer que la vérité. Mais il faut aller chercher sa vérité personnelle au-delà des ombres. C'est ça, qu'il dit, Platon.

» Moi, je serai content de me dire qu'un jour, je l'ai vu, mon père. On se dit toujours qu'on va le faire *demain*, et la philosophie de tout remettre à demain, j'y ai goûté aussi. Mais le Big C, ça vous remet le calendrier en place.

Et soudain Frédéric vit que, sous le bonnet, il n'y avait pas de cheveux. Le Big C : le cancer.

— Oh, je devrais m'en sortir, je suis un guerrier. Mais je me suis dit que j'allais pas m'tirer d'ici sans avoir trouvé ma vérité personnelle, vous voyez ce que je veux dire ? Alors, voilà, Argenteuil. J'vous gonfle avec mes histoires. Je gonfle tout le monde, les potes, ils en ont ras le bol d'entendre ça. En fait... j'ai un peu les jetons. Mais bon, même si c'est un psychopathe, le père, je fais ça pour moi, pas pour lui. Pour ma vérité personnelle.

L'adolescent rangea son MP3 dans la poche de son jean et ce geste révéla son bras tatoué : autour d'arabesques asiatiques, le mot TRUTH en calligraphie gothique. Ces arabesques attirèrent l'attention de Frédéric – ne les avait-il pas vues quelque part ?

— Si j'ai les jetons, c'est parce que... en fait, j'ai plus peur que ce soit quelqu'un de bien, vous voyez ? Regretter le temps perdu, tout ça...

— Oui, je comprends, fit Frédéric malgré lui, presque sans réfléchir.

Mais oui, comme il comprenait, Frédéric. L'adolescent le regarda avec des yeux reconnaissants, puis s'esclaffa :

— Mais bon, vu les goûts de ma mère, ça sera plutôt un psychopathe. Allez, bon voyage, monsieur.

L'adolescent se leva, prit son sac et disparut dans le couloir du train. Frédéric força son émotion à rester dans son ventre pour ne pas empoisonner sa tête. Il se sentait encore plus vulnérable. Ce fut alors qu'il se souvint de l'endroit où il avait vu ces arabesques. Sur le dessin de Fabrice Nile.

Autour du mot « vérité », perdues dans le fouillis et les minuscules détails du dessin, oui, il en était sûr à présent, il y avait ces arabesques. Fabrice Nile avait forcément vu ce tatouage et substitué au mot « vérité » sa traduction anglaise : *truth*. Fabrice Nile avait voulu qu'il rencontre ce garçon. Il se leva d'un bond et se précipita dans le couloir – que bloquait à présent une grand-mère embarrassée d'une grosse valise et d'une petite fille. Frédéric s'excusa, mais l'allée était exiguë et l'horizon du couloir se brouilla d'autres passagers qui arrivaient à contresens. Le contrôleur annonçait la gare d'Argenteuil. La gare d'Argenteuil… Monet l'avait peinte aussi. Sous la neige.

Il avança encore mais ne voyait plus l'adolescent. Le train s'arrêta, Frédéric descendit du marchepied et scruta le quai : même là, il ne le voyait plus. Devait-il continuer son voyage jusqu'à Éragny ou suivre cette piste ? Argenteuil, comme toutes les petites gares, avait sûrement une seule sortie. S'il courait maintenant, il pourrait le rattraper et lui poser des questions.

« Mets tes pas dans ceux des Refusés »… Non, l'énigme ne l'aidait pas, les peintres avaient peint aussi bien Argenteuil qu'Éragny. Et retarder ce garçon pour le rendez-vous important avec ce père qu'il ne connaissait pas ?… La sonnerie qui avertissait de la fermeture des portes retentit dans sa tête. Il remonta dans le train et retourna à sa place.

« La vérité personnelle ». Les paroles de l'adolescent résonnaient dans sa tête. *Truth*. N'était-ce pas ce qu'il avait fui ? Encore une dizaine de minutes avant l'arrivée à Éragny et il essaya très fort, du plus fort qu'il pouvait, de ne pas penser à son père. Ce père qui n'était jamais revenu après ce Noël 1979. Mais un jour, alors qu'il était déjà adulte, une lettre était arrivée. Une enveloppe en papier délicat, une écriture penchée et une adresse au dos. 25, villa de Saxe, 75007 Paris, il s'en souvenait encore. Ce n'était pas une prison. Frédéric aurait pu être cet adolescent qui prenait des trains pour connaître sa « vérité personnelle ». Mais c'était bien trop tard. Le temps avait passé – trente-deux ans. Douze mille jours qui avaient effacé petit à petit le fabricant de calendriers. Douze mille nuits pendant lesquelles un petit garçon se répétait qu'il fallait être fort et oublier son père. Alors, quand la lettre était arrivée, le petit Frédéric, devenu adulte, avait choisi de ne pas la lire. De laisser dans l'oubli les choses oubliées.

Le train ralentit. C'était Éragny.

12

Frédéric attendait sur le quai de la gare. Les voyageurs du train précédent étaient partis et ceux du train suivant pas encore arrivés. La neige tombait. Il était seul, à part un jeune, un beur sûrement, doudoune à capuche rabattue, qui attendait sur un banc du quai d'en face. Son haleine faisait de la vapeur et occasionnellement il se frottait les mains. Le genre de type qui traîne dans les gares, simplement parce qu'il n'y a rien d'autre à faire, se dit Frédéric. À part lui, il n'y avait personne. Même l'agent SNCF s'était fait la belle.

Frédéric avait fait le tour du vieux village d'Éragny, pour la forme, mais, bien sûr, il n'avait rien trouvé. Non, il ne trouverait rien ici. Il aurait dû suivre l'adolescent à Argenteuil ; c'était là que se cachait le signe que lui avait envoyé Fabrice Nile. Trop tard ! Il n'avait plus qu'à rentrer chez lui et attendre de prendre les autres tickets de la boîte. Lui non plus n'avait rien d'autre à faire, alors il pensa à Marcia.

Marcia. S'il n'y avait pas eu cette idée qui les déchirait, cette idée du toujours plus, de faire comme les autres, de fonder une famille… Frédéric n'en voulait pas. Elle, si. Alors ils s'étaient quittés. Ce qu'elle avait décidé ensuite la regardait. Huit mois plus tard, il était encore en colère contre elle, et pourtant il n'arrêtait pas d'y penser.

Frédéric remonta le col de son manteau et jeta un œil à l'horloge de la gare : vingt-cinq minutes avant le prochain train pour Paris. Il regarda de l'autre côté des rails : même le jeune beur était parti. Il était vraiment seul à présent. Et la neige qui redoublait d'ardeur. Le train allait-il vraiment venir, avec ce sale temps ? Il sortit son téléphone : la batterie était morte. Pétronille…

— Dites, vous savez à quelle heure il est, le train pour Paris ?

Frédéric sursauta. C'était le jeune à capuche. En fait, il n'était pas si jeune que ça, la trentaine bien avancée. Il avait des cheveux bruns bouclés et le blanc des yeux très blanc.

— Midi vingt-quatre, balbutia Frédéric.

— Une demi-heure à tuer, soupira l'homme. Bon, ben on va attendre. Et vous savez pas où il est parti, le mec du guichet ?

— Non. Ça doit être la pause déjeuner. Il y a une borne automatique dans la gare.

Mais le type l'ignora. Il s'affala sur le banc comme sur le quai d'en face. Frédéric resta debout, tout droit, près de la voie. Ils étaient tous les deux, seuls hommes dans le blanc du ciel et le gris des rails. Les minutes passèrent.

Et soudain, dans ce tableau tout morne, on entendit un rire. Ou plutôt un piaffement.

— Ah, y en a qui ont de l'humour !

C'était le type à capuche qui rigolait tout seul dans le dos de Frédéric.

— J'ai un pote, continua-t-il, un bon pote à moi. Il est mort y a deux semaines.

— Désolé de l'apprendre, lança Frédéric, qui s'était raidi.

— Le pauvre vieux, c'était sûrement mieux pour lui comme ça. Enfin, toujours est-il qu'il m'a laissé des trucs en héritage. Moi, je me dis, il m'aura laissé, je sais pas, moi, une collection de timbres, son chat, deux ou trois millions sur un compte en Suisse. Non, il m'a laissé un billet de train. Et moi, j'y vais, comme un con. En souvenir de lui. En souvenir de lui, du temps perdu, oui.

— C'est peut-être parce qu'il ne voulait pas que ça se perde, continua Frédéric, dont le cœur battait comme une locomotive à vapeur.

— C'est sûr que ma première idée, ç'a été de me faire du pognon, continuait l'homme à capuche. *Non échangeable, non remboursable*, qu'ils m'ont dit, à la ceuneuceufeu. Pas que ça m'étonne de trop. Il était un peu zinzin, mon pote. Et puis quelque chose me disait qu'il voulait que je le prenne, ce train. Alors, j'l'ai pris, son train, et je suis pas plus avancé.

— Et il vous a laissé autre chose ? demanda Frédéric.

— Non, rien du tout. Juste ce billet de train.

— Il s'appelait comment, votre ami ?

— Fabrice.

— Fabrice Nile, hein ? fit Frédéric.

Il se détendit ; c'était comme s'il se rendait enfin.

— Ouais, Fabrice Nile, répondit le beur, qui releva sa tête et offrit à Frédéric des yeux noirs qui brillaient d'un éclat bienveillant. Comment vous le savez, vous ?

Frédéric sortit son billet de sa poche.

— Mon héritage.

— Ça alors, le cochon ! Bon, ben j'imagine que

Fabrice voulait qu'on se rencontre. « Les amis de mes amis sont mes amis… »

— Je n'avais jamais entendu parler de Fabrice Nile avant avant-hier, ajouta Frédéric.

— Encore mieux. Bon, eh bien…

Il tendit la main :

— Jamel.

— Frédéric.

Les deux hommes se serrèrent la main. Un train de marchandises fit vibrer les rails et enveloppa la gare de son grondement. Lorsqu'il fut passé, le silence s'installa de nouveau.

— Bon, soupira Jamel, maintenant, qu'est-ce qui se passe ? On se fait une bière pour trinquer à la mémoire de Fab ?

— On peut parler dans le train. Il faut que je rentre à Paris.

— Ouais, moi aussi. Ce salopiaud a même pas mis de billet de retour.

— Si vous voulez, je peux vous dépanner, commença Frédéric qui ouvrit son portefeuille. Mais Jamel fit signe que ce n'était pas nécessaire. Il alla acheter son billet à la borne. Frédéric s'aperçut qu'il boitait.

Les autres voyageurs commençaient à arriver sur le quai. Frédéric fixait Jamel. Il ne voulait pas le perdre, comme l'adolescent. Quand il revint, traînant la jambe, tandis qu'il remettait sa carte de crédit dans son portefeuille, il demanda :

— Dites, j'y pense, vous ne connaîtriez pas un avocat ?

— Je suis avocat.

— Me Solis ? demanda Jamel en le montrant du doigt.

Frédéric acquiesça. Son interlocuteur faisait des

yeux tout ronds, un grand sourire s'empara de son visage doré et révéla ses dents blanches.

— Alors ça, fit Jamel. Ben alors ! J'y aurais pas pensé tout de suite. Je m'imaginais un avocat beaucoup plus vieux, genre croulant.

— C'est Fabrice Nile qui vous a parlé de moi ?

— Je veux, mon neveu. Souvent, même. Solis, l'avocat. Celui qui devait recevoir le tableau.

13

Quand les portes de l'ascenseur s'ouvrirent, Pétronille respira un grand coup. Elle était arrivée. Troisième étage de l'hôpital Saint-Nicolas à Pontoise, à vingt-cinq kilomètres au nord-ouest de Paris. Il lui avait déjà fallu toute son ingénuité et tout son courage pour trouver à quel étage Fabrice Nile avait résidé. Il lui en faudrait encore plus, à présent ; sa petite enquête ne faisait que commencer.

Dorothée lui avait conseillé de commencer par la cantine, c'était là qu'on causait. Elle s'avança à pas feutrés dans la petite salle aux couleurs pastel, avec des marguerites en tissu dans des pots. Quelques aides-soignantes allaient et venaient, dans leur uniforme blanc et leurs claquettes. Mais personne ne semblait prêter attention à Pétronille. C'était l'étage des convalescents, où l'on se remettait des opérations. Il n'y avait pas de sentiment d'urgence, on marchait lentement. Mais surtout, l'étage avait l'air étrangement vide.

Pétronille s'installa à côté du seul visiteur de la cantine : un homme aux charentaises flambant neuves. Soixante-dix ans bien sonnés, très grand, très courbé et l'air vaguement benêt, il arborait des lunettes minuscules et une longue barbe d'un blanc jaunâtre. Il feuilletait, ciseaux à la main, des magazines de jardinage. Autour de lui sur la table étaient éparpillées des fleurs en papier découpées, un tube de colle et une enveloppe en papier kraft d'où dépassaient des dahlias sur papier glacé.

Pétronille s'excusa et lui demanda de sa voix la plus douce s'il avait connu Fabrice Nile.

— Fabrice ? Oui, je connaissais Fab. Vous êtes de la famille ? Non, que je suis bête. Fabrice n'avait pas de famille. Tiens, c'est pas souvent que quelqu'un vient demander après Fabrice. Jamais, je crois bien. Et pourtant, il gagnait à être connu, Fabrice, je vous le garantis. Mais dites-moi, vous êtes pas de la police, au moins ?

— Grands dieux, non. Non, bafouilla-t-elle, je ne suis pas de la famille, mais quand même un peu, comme… enfin… C'est compliqué. Mais j'aurais bien aimé que vous me parliez de Fabrice, comment il était, sa vie, ce qu'il aimait, tout ça.

L'homme la regardait toujours de travers et Pétronille décida de jouer le tout pour le tout :

— Je ne l'ai pas connu. J'aurais bien aimé.

— Je veux bien le croire que ça doit être compliqué, votre affaire, soupira l'homme aux charentaises. Rien n'était bien simple avec Fabrice. Qu'est-ce que je peux vous dire sur lui ? Ah, pauvre vieux, tiens.

Il soupira, répéta : « Qu'est-ce que je peux vous dire ? » Puis soupira encore. Et, contre toute attente, Pétronille le vit essuyer une larme qui mouillait ses yeux.

— Oh, faites pas attention, c'est ces sacrés médicaments qu'ils me filent pour la jambe, ça me fait chialer pour n'importe quoi. Il faut dire aussi que l'histoire de Fab, elle est pas rigolote-rigolote… Vous saviez qu'il était à la rue depuis… depuis pas loin de quinze ans, je crois bien, qu'il avait dit.

— Oui, je le savais.

Le vieux s'était arrêté de parler. Il regardait ses fleurs découpées sur la table et Pétronille avait peur qu'il ne se remette à pleurer. Elle se demandait quoi faire. Il se leva soudain :

— Venez, je vais vous montrer quelque chose.

Sur le mur de la petite cantine était accroché un poster de l'atelier Pirate pour les enfants de l'hôpital. À côté se trouvait un panneau en liège où étaient punaisées des Polaroïd de gens qui souriaient en montrant des collages, des cartes postales de destinations exotiques et une affichette avec une photo en noir et blanc des mains enlacées d'un vieillard, d'une femme et d'un enfant. Sur la photo était inscrit : « *Family is not about blood. It's about who is willing to hold your hand when you need it the most*[1]. » Le panneau avait un titre : « Chasse au trésor », et juste en dessous « Samedi & mercredi. 14 heures – 15 h 30 ».

Le vieux, qui avait traîné ses béquilles jusque-là, tapota l'une des photos :

— Fabrice.

Pétronille regarda de plus près. Enchantée, Fabrice Nile, se dit-elle. Il la regardait de l'autre côté de l'objectif. Sa peau était rouge et ses yeux bouffis, il avait un bleu devenu jaunâtre sur l'arcade sourcilière, mais il souriait. Un sourire timide et fier, celui des hommes que personne ne photographie jamais. Le panneau qu'il montrait au photographe n'était pas constitué de col-

1. Une famille, ce ne sont pas les liens du sang. Est de votre famille celui qui vous prend la main au moment où vous en avez le plus besoin.

lages, comme les autres, mais de gribouillis noirs, semblables à des dessins minuscules. Au centre de la feuille on voyait un point rouge. Des deux côtés de Fabrice se trouvaient des visages qui brillaient d'une complicité profonde : un adolescent dégingandé, un grand Noir d'une quarantaine d'années, un jeune beur souriant.

— C'est qui, là ? demanda Pétronille.

— La famille qu'il s'est faite ici. Eh oui. Des mecs qui auraient fait n'importe quoi pour lui. Moi aussi, j'en faisais partie, tiens, c'est mon épaule, là, mais Simon, il était pas doué en photo.

— Et les collages, le dessin, c'est quoi ?

Le vieux décolla la photo de Fabrice et retourna avec à sa table. Pétronille le suivit dans sa lente progression.

— Un des infirmiers anime un atelier. C'est cet après-midi, d'ailleurs, si vous voulez venir.

— Euh, non, je dois partir dans une demi-heure, je dois accompagner ma sœur à une échographie. Elle est enceinte.

Mais l'homme ne semblait pas avoir entendu.

— Mademoiselle, dites-moi, fit-il avec un éclat de malice dans l'œil. Si vous demandez à quelqu'un – à n'importe qui – ce qu'il désire dans la vie, vous pensez qu'il répond quoi ?

Pétronille se souvint soudain de cet après-midi où elle avait invité Dorothée dans l'appartement de Frédéric.

— Être heureux, je pense… et riche.

— Exactement. Tous autant que nous sommes, nous nous baladons dans la vie avec le désir d'être heureux. Et ça date pas d'hier. Les philosophes grecs nous parlaient déjà de ça. C'est humain. Universel. Tous pareils. Pas vrai ?

Pétronille acquiesça.

— En revanche, comment réagirez-vous si je vous dis : Mademoiselle, vous êtes l'heureuse gagnante du tirage de l'Euromillion, vous êtes riche au-delà de vos espérances. Il vous reste seulement à décider ce que vous allez faire de votre vie pour être heureuse, maintenant que vous en avez les moyens ?

— Hum, hum. Ça se réfléchit. J'aimerais peut-être acheter…

— Là ! fit-il triomphant. Vous devez réfléchir à ce qui vous rendrait *vraiment* heureuse ! Et si je dis à votre voisin qu'il a gagné au loto, il va réfléchir aussi. Est-ce qu'il va dépenser ses sous de la même façon que vous ?

— Probablement pas.

— Voilà. Tout le monde en veut, du bonheur. Mais le bonheur, c'est pas la même chose pour tout le monde. Vous me suivez ?

Pétronille se demanda ce que tout ça avait à voir avec Fabrice Nile.

— Dans l'atelier Chasse au trésor, chacun dans son coin réfléchit à ce qui le rend heureux. On visualise… la vie idéale, si vous voulez. On colle des images de magazine, des trucs qu'on trouve. C'est marrant, on reconnaît tout de suite les nouveaux : ils collent des images de plages des Seychelles. (Il piaffa.) Je vous raconte pas le nombre de brochures de voyages qui se sont retrouvées en morceaux. Mais finalement, tout le monde finit par creuser un peu plus profond. On arrive à des choses très personnelles. À la fin, y en a pas deux de pareils, des collages.

Pendant qu'il causait, le vieux poussait de ses mains ses fleurs découpées dans son enveloppe. Pétronille y vit une vieille photo en noir et blanc, sûrement des années 60 : le portrait d'une demoiselle dans un cadre en forme de cœur. Pétronille remarqua :

— Fabrice Nile, lui, il n'a rien collé.

— Non, sourit le vieux. Lui, c'était un as du dessin. Alors, plutôt que de découper des images, il dessinait. C'était là, en pattes de mouches. Tout ce dont il rêvait, le Fabrice. Il a même rajouté des mots, vous voyez : « vérité », « tolérance », « amour », « éternel ». Là, vous voyez pas, mais il y a une petite voiture. C'était plutôt bien fait. Un coupé Corvette 1961. Il était garagiste de profession, vous le saviez ?

Pétronille vit ses yeux se noyer à nouveau et, cette fois, elle mit la main sur son épaule.

— Je suis désolée, ce sont des souvenirs douloureux…

— Non, non, c'est ces médicaments. Ah, saloperie de… enfin, je vous disais… Il aimait les belles voitures, surtout les Corvette, et un jour, j'ai vu un petit modèle à la Maison de la Presse à côté de chez moi, un jouet, vous savez ? De cette Corvette 1961, alors je le lui ai acheté. Vous auriez vu comme il était heureux avec cette bagnole, le Fabrice… Ah ces saloperie de médicaments, je vais demander au docteur de les changer, c'est pas possible… Vous savez, il était pas vieux, Fabrice. Il faisait vieux, mais c'était un jeune, en fait…

Et tout d'un coup, il était parti. Il parlait, parlait, et toute la vie de Fabrice était révélée à cette inconnue, la première qui demandait. Il y avait la rue, l'alcool, le décès de sa femme, sa chance à la belote « des carrés à tire-larigot ! », ses habits qu'il pliait toujours « qu'on aurait dit qu'ils sortaient du pressing », son foie qui lui faisait mal, son rêve d'ouvrir un garage de voitures de collection, sa connaissance de la langue espagnole – « comme un Espagnol, qu'il parlait, que même j'ai connu des Espagnols, ils parlaient pas aussi bien que Fabrice » –, ses colères quand on évoquait les services sociaux, ses carnets de dessins, son goût pour les paris-brest, ses copains de la rue qui venaient parfois jusqu'au parking, ce monde violent des bancs publics où tout le monde se connaissait pour le meilleur ou pour le pire, sa plaie à la jambe que les asticots s'étaient mis dedans une fois, ses souvenirs d'enfant quand il allait en vacances en Bretagne avec sa mère, ses larmes quand il parlait de sa mère, « les blagues qu'il nous faisait ici, à nous autres et aux infirmiers qui l'aimaient bien. C'était un type bien ».

Oui, c'était un type bien, se disait Pétronille qui avait tout écouté. Elle espérait qu'il ne s'était pas mis dans un pétrin illégal... et fut presque rassurée que le pauvre soit à l'abri à présent puisqu'il était mort. Y avait-il assez pour son rapport à Frédéric ? Que cherchait-il après tout ? Pétronille remercia le vieux – qui s'appelait Maurice – de lui avoir parlé de Fabrice Nile. Il était temps pour elle de partir, sinon elle allait être en retard pour le rendez-vous de sa sœur.

— Bien dommage que vous ne restiez pas à l'atelier, Pétronille. Ça remonte le moral, je vous dis, cet atelier.

— Ah bon ? Mais ce n'est pas déprimant de penser à une vie que, finalement, on n'aura... jamais ?

L'œil de Maurice brilla encore.

— C'est là que vous vous trompez. C'est en mettant tout sur le papier que justement... paf ! Ça se réalise !

Pétronille prit un air sceptique.

— Ça se réalise à deux conditions. Un, si on met sur sa carte au trésor seulement la vie qu'on veut vraiment vivre, pas celle qu'on pense qu'on devrait vivre. Et deux… si on y croit.

Pétronille le regarda droit dans les yeux. Il y croyait, Maurice. Elle revit les fleurs de magazine découpées dans son enveloppe. Et, comme s'il avait lu dans ses pensées, il lui dit doucement :

— J'habite tout seul dans un appartement qui donne sur le périph', alors un jardin…

Et Pétronille se demanda si ses médicaments n'étaient pas contagieux car elle sentit soudain une grande émotion lui remuer la gorge. Elle serra la main de Maurice et promit qu'elle essaierait de venir à l'atelier un de ces jours.

Elle était en retard, et c'est en marchant à toute allure dans le couloir presque vide qu'elle bouscula presque un médecin qui entrait dans une chambre. Quand elle l'eut dépassé, elle l'entendit dire derrière elle :

— Monsieur Villiers, Ernest ! Comment vous sentez-vous aujourd'hui ?

Quand elle se retourna sur la porte de la chambre 312 qui se fermait, elle se souvint où elle avait lu ce nom : sur l'acte de naissance de Frédéric dans son dossier de renouvellement de passeport… Ernest Villiers était son père.

14

Dorothée feuilletait un *Paris Match* vieux de trois ans dans la salle d'attente du cabinet d'échographie. Pétronille n'était pas arrivée. Peut-être avait-elle oublié. Son Frédéric Machin la rendait folle. Déjà, elle travaillait trop. Mais, en plus, Dorothée était certaine qu'elle en pinçait pour son brillant patron. Elle n'aurait pas dû la taquiner l'autre jour.

Pétronille fit alors irruption, en sueur, dans la salle d'attente et se précipita vers sa sœur pour l'embrasser.

— J'ai travaillé jusqu'à 3 heures du mat' hier, je me suis endormie dans le RER, j'ai loupé la station, enfin bref. Je suis allée à l'hôpital de Pontoise ce matin…

Elle déballa à grande vitesse tout ce qu'elle avait trouvé sur Fabrice Nile, sur Maurice, sur la carte au trésor, et enfin révéla que le père de Frédéric était dans le coup.

— C'est quand même bizarre que ton boss te demande d'enquêter sur son propre père…, fit Dorothée.

— Ça oui, c'est bizarre ! Mais il sait pas, j'en suis sûre, que son père est malade.

— T'en sais rien…

— Si, si, je le sais, je me coltine toutes ses notes

de frais : ses taxis, ses billets de train, ses notes de restaurant et tout, et je peux te dire qu'il a jamais mis les pieds à Pontoise.

— Et on ne sait toujours pas pourquoi ce Fabrice Nile l'intéresse ? demanda Dorothée.

Pétronille taquina sa sœur :

— Non, Sherlock, *on* ne sait toujours pas pourquoi.

Dorothée sourit.

— Enfin bon, tu vas tout lui dire lundi, à ton patron, et tout deviendra clair.

Pétronille fit mine de réfléchir.

— Je vais lui dire, je vais lui dire… mais… peut-être pas tout de suite. Parce que, si tu y penses… Il m'a signalé une possible relation entre son père et Fabrice Nile, et qu'ils aient été dans le même hosto ne nous avance à rien. Peut-être qu'ils étaient amis, peut-être qu'ils étaient ennemis, que le père de Frédéric l'a étouffé dans son sommeil, j'en sais rien, moi… Oh, c'est horrible, ce que je dis.

— Oui, c'est horrible et, surtout, je suis pas bien sûre que ça t'avance des masses de faire des cachotteries, avertit Dorothée.

— C'est pas des cachotteries. C'est juste qu'il faut que je complète mon dossier. J'y retourne demain.

— Demain, on avait prévu d'acheter nos cadeaux de Noël, je te rappelle.

— On a amplement le temps de les faire le week-end prochain, les cadeaux. Et tu sais, je t'ai dit que l'hosto était vide… en fait, c'est parce que les patients, ils rentrent dans leur famille le week-end. Donc, d'une, c'est moins risqué pour moi et de deux…

— … ceux qui restent, compléta Dorothée, c'est qu'ils n'ont pas de famille. Comme ton Maurice, ou

Fabrice Nile, ou… le père de Frédéric. C'est tristounet…

— Ouais…, soupira Pétronille.

Et les deux sœurs s'affalèrent dans leur chaise en même temps.

Comme si elle se parlait à elle-même, Pétronille dit :

— Le seul truc, c'est que je sais pas comment approcher son père. Je peux pas me présenter dans sa chambre, la gueule enfarinée, et lui demander de me raconter sa vie pour le plaisir.

Dorothée la regarda avec des yeux scintillants d'idées.

— Ha, ha, tu as encore des choses à apprendre, chère petite *alcolite*… En fait, tu te *dois* d'arriver la gueule enfarinée… Que fait le grand détective pour se sortir du pétrin quand tout est désespéré ?

Pétronille grimaçait, son visage en point d'interrogation.

— Il utilise son *talent spécial*.

— Et c'est quoi mon talent spécial ? fit Pétronille.

— Je te le demande.

— J'en ai pas…

— La gueule enfarinée, le pétrin… c'est dans le même rayon !

Dorothée s'amusait.

— La pâtisserie ! Les choux ! ? fit Pétronille.

— Les choux. Élémentaire. D'un côté, tu as un pauvre petit vieux tout malade que personne ne vient voir, même si c'est Noël dans une semaine. Entre parenthèses, ça me fend vraiment le cœur. De l'autre, t'as une petite nana sympa comme tout qui adore faire des choux mais qui n'a jamais assez de monde pour les manger… Je te parie trois macarons Ladurée parfum framboise que le pauvre homme n'attend que ça, de parler à quelqu'un. Tu fais d'une pierre deux coups : tu accomplis ton travail et tu rends quelqu'un heureux.

— C'est pas faux..., fit Pétronille.

La porte de la salle d'attente s'ouvrit d'un coup et la secrétaire du docteur appela :

— Madame Dorothée Joly, s'il vous plaît.

Pétronille suivit sa sœur, plongée dans ses pensées.

Quelques minutes plus tard, Dorothée était allongée sur le divan, son beau ventre rond tout brillant de gel, zébré de traces invisibles par les mouvements du médecin, un petit homme à l'air sympathique, aux mains bourrues et aux cheveux gris bouclés. Trois paires d'yeux étaient rivées sur l'écran verdâtre qui d'une minute à l'autre allait révéler le petit miracle qui poussait dans ce ventre. Et alors que le doigt du praticien dessinait pour Dorothée, dont le cœur battait si vite, la silhouette de son enfant, ils sursautèrent lorsque Pétronille s'écria :

— OH NON !!!!

Ils la regardèrent. Elle tenait la main devant sa bouche, les yeux fixés sur sa montre et le regard horrifié.

— J'ai oublié d'annuler le rendez-vous avec Witherspoon...

Et elle sortit en courant.

À quelques rues de là, John Witherspoon, qui attendait déjà Frédéric, reçut un appel sur son téléphone portable. Après avoir entendu les excuses que bafouillait Pétronille, il était rouge de colère. Pétronille, elle, après avoir entendu les jurons de Witherspoon, était toute blanche.

Dorothée la retrouva, tremblante, à la porte du cabinet. Cet oubli, concernant le client le plus important et le plus difficile de Frédéric, était une erreur qui pouvait lui coûter son emploi. Dorothée lui proposa d'aller prendre un petit chocolat chez Pierre Hermé. Elle mit son bras autour des épaules de sa sœur, lui montra les premières photos de son petit neveu et, là, Pétronille se dit que, finalement, ce n'était pas si grave.

Le médecin ferma la porte de son cabinet sur les deux filles qui partaient bras dessus, bras dessous. Il se tourna vers sa secrétaire. Encore un rendez-vous. Dieu, qu'il était fatigué ! C'était le dernier et ensuite, il serait en week-end. Il en avait marre des ventres, aujourd'hui. Sa secrétaire lui tendit le grand agenda corné et il lut le nom de sa dernière patiente. D'un coup il se redressa. Il dit à sa secrétaire qui se dirigeait déjà vers la salle d'attente : « Un moment, je vous prie » et se faufila vers les toilettes. Quinze secondes plus tard, il ressortit la cravate redressée, la raie droite et l'haleine fraîche. Il se rua vers la salle d'attente, ouvrit la porte délicatement et fit, d'un air tout à fait détaché :

— Mademoiselle Gärtener, s'il vous plaît.

Marcia Gärtener se leva, déploya son mètre soixante-dix-sept parfumé de Shalimar, sa grâce de panthère, son décolleté magnifique et son ventre tout rond. C'était sa dernière échographie. Le bébé viendrait avec la nouvelle année.

15

L'esprit de Frédéric résonnait de la longue et étrange conversation qu'il venait d'avoir avec Jamel dans le train. Il se hâtait vers son appartement pour y réfléchir à tête reposée mais à peine avait-il refermé la porte d'entrée de son immeuble que Mme Boule accourut aussi vite que son âge avancé et ses savates le lui permettaient, avec un air de panique absolument terrifiant.

— Oh, monsieur Solis, oh monsieur Solis… Il s'est passé des choses pendant que vous étiez parti, je n'ai rien pu faire…

Frédéric pensa tout de suite à un cambriolage. Son Sisley !

— Monsieur Solis, les huissiers…

Les huissiers. Ses factures impayées. Son chèque refusé par la banque. Mme Boule parlait sans s'arrêter :

— Je leur ai dit que ça devait être une erreur, que vous étiez un jeune homme sérieux, mais ils sont venus avec un serrurier, je n'ai rien pu faire, c'est terrible.

— Ne vous inquiétez pas, madame Boule, fit Frédéric qui serrait les dents et s'efforçait d'être calme. C'est effectivement une erreur, je vais m'en occuper.

— Bah oui, bien sûr, vous êtes avocat, alors vous

pouvez vous occuper vous-même des choses, vous… C'est une honte, quand même, qu'ils rentrent chez les gens, comme ça… Ils ont laissé les papiers sur la console, ils n'ont même pas voulu me les donner.

— Merci, madame Boule. Et, s'il vous plaît, vous savez, ces affaires-là sont confidentielles…

— Oh, grands dieux, vous pouvez en être sûr, je ne dirai rien. Ah, vous savez, il y en a beaucoup dans le métier qui causent, mais moi, non, c'est pas correct.

— Merci, madame Boule. Et surtout ne vous en faites pas. Bonne soirée madame Boule.

Frédéric monta quatre à quatre les escaliers. Il ouvrit la porte et alluma. Ses tableaux étaient toujours là, mais il connaissait la procédure. Il s'empara de la copie de l'acte de saisie conservatoire qui reposait sur la console. C'était ce qu'il avait craint. Le Sisley – qui pourtant valait dix fois plus que sa dette – était à présent la propriété du créancier. Frédéric n'avait le droit ni de le déplacer ni de le vendre. S'il ne payait pas les cinquante mille euros qu'il devait dans le mois, les huissiers viendraient le saisir, et plus jamais il ne le reverrait.

Frédéric tremblait de rage. Il saisit son téléphone portable mais se souvint qu'il n'était pas chargé. Il lança l'appareil qui alla exploser sur le parquet et se rua sur le téléphone fixe dans sa chambre. Il passa l'heure suivante en conversation avec Paul, son comptable : la situation était désastreuse. Frédéric avait fait l'autruche trop longtemps. Paul avait toujours dit qu'il était déraisonnable d'emprunter si lourdement pour acheter cette nouvelle œuvre d'art. Il faudrait assainir ses finances et rembourser ses dettes le plus rapidement possible, ou d'autres huissiers viendraient.

Ils explorèrent toutes les options envisageables. Les

amis. Oh oui, des amis, il en avait. Il avait des amis auxquels il pouvait demander une villa à Saint-Tropez ou une Porsche pour le week-end. Il avait des amis auprès desquels il pouvait épancher ses peines de cœur. Mais personne, personne à qui il pouvait dire qu'il était fauché. Car le manque d'argent était une maladie trop honteuse pour un gamin qui n'en avait pas eu. Pour un aristocrate, c'était décadent, mais pour un ancien pauvre, c'était impossible.

Au bout d'une heure de calculs et de stratégie, Frédéric tenait la solution pour lever cinquante mille euros en liquide et éviter l'enlèvement de son tableau. D'une part, vendre son lustre en cristal à un antiquaire qu'il connaissait et qui le lui achèterait cash, et d'autre part, demander un petit service à Witherspoon. Le seul nom dans son carnet d'adresses qui réglerait ses problèmes. Les mesures étaient extrêmes, mais, à ce stade, Frédéric n'avait probablement plus le choix. Il appellerait John lundi matin.

16

Pétronille se trouvait devant la porte de la chambre 312, un tupperware bleu ciel entre les mains. Elle venait de frapper, mais pas très fort, et elle ne décelait de l'autre côté que du silence. Tout se jouait aujourd'hui. La faute professionnelle de la veille avec John Witherspoon la hantait – demain il faudrait affronter Frédéric. Peut-être que, si elle arrivait au bureau avec un rapport complet, son patron, impressionné, serait plus enclin à pardonner son erreur. Alors, pour l'occasion, elle avait fait dix choux à la pistache.

Elle frappa à nouveau, mais toujours rien. Elle repensa aux jurons de John Witherspoon et aux couloirs de Pôle Emploi et ouvrit la porte tout doucement.

— Monsieur Villiers ? Excusez-moi…

Devant elle, seul dans la chambre à deux lits, gisait Ernest Villiers, endormi. Elle s'était attendue à un patient qui peut-être se remettait de l'implantation d'une prothèse de hanche ou d'un bras cassé. Mais cet homme était très malade. Sa maigreur extrême, son visage jaune et ses cheveux blancs épars révélaient son front tacheté. Selon l'acte de naissance de Frédéric, son père avait soixante-sept ans ; dans ce lit, il en paraissait cent. Elle pensa à son propre père, un homme sportif et dynamique qui, à soixante-trois ans, montrait à peine des signes de fatigue, et vécut l'espace d'un instant la douleur qu'elle ressentirait si c'était son papa à elle qu'elle voyait ici, dans ce lit.

Pétronille se sentit toute ridicule dans cette chambre, devant cet homme malade qui dormait. Tout était calme et le vieil homme semblait abandonné. Elle se dirigea vers la porte sur la pointe des pieds. Devrait-elle attendre qu'il se réveille ? Elle regarda ses choux dans leur tupperware, marcha à nouveau vers le lit et les déposa tout doucement sur sa table de chevet. Elle voulut dire quelque chose, se tordit les mains et s'enfuit.

Mais alors qu'elle refermait la porte tout doucement, une voix la fit sursauter :

— Vous êtes de la famille ?

C'était le médecin qu'elle avait vu la veille.

— Non, euh, je… Je suis une amie, enfin, c'est compliqué.

Le médecin la regardait droit dans les yeux. Pétronille insista :

— Il est très malade, n'est-ce pas ?

L'homme lui fit signe de le suivre et elle se demanda si elle était dans le pétrin.

— Vous êtes une amie, dites-vous ?

— Oui, une amie de son fils.

— Son fils Frédéric ? Vous savez qu'il n'est jamais venu le voir ?

Pétronille commença :

— Oui, je…

— Cela ne me regarde pas – et je ne devrais pas. Mais je vais vous informer de son état de santé parce que, s'il y a une chance pour que son fils s'en préoccupe, ça vaut la peine.

Pétronille sentit sa bouche s'assécher.

— Ernest Villiers souffre d'un cancer généralisé. Nous sommes intervenus plusieurs fois mais, malheureusement, la plupart des organes vitaux sont à présent touchés. Nous attendons les résultats d'un tout dernier traitement, mais je n'ai pas grand espoir. Surtout chez un homme dont la santé a déjà été fragilisée par un infarctus. En d'autres termes, je suis désolé, mademoiselle, mais M. Villiers ne vivra sûrement pas au-delà de Noël.

Pétronille était toujours muette. Elle n'avait jamais vu de mourant de sa vie. L'image d'Ernest inconscient dans son lit brûlait dans sa tête comme un feu ardent.

Le médecin continua :

— Il est entouré depuis des années par un petit groupe, à l'hôpital…

Mais Pétronille, sous le choc, n'entendit pas vraiment.

Le docteur la raccompagna jusqu'à l'ascenseur et Pétronille se laissa guider. Il précisait qu'Ernest bénéficiait du plus grand confort à l'hôpital, etc. Pétronille aurait bien dit quelque chose, mais tout l'avait déjà été. Presque malgré elle, elle ouvrit enfin la bouche :

— Est-ce qu'il a le droit de manger des choux à la pistache ?

Le médecin sourit :

— Je ne sais pas si son appétit sera à la hauteur, mais sinon, oui. Je pense que quelques choux à la pistache seront très bons pour lui.

Quelques minutes plus tard, Pétronille grelottait sur le parking, ne sachant pas trop comment elle était arrivée là. Elle demeurait sous le choc, mais, au fur et à mesure qu'elle s'éloignait de l'hôpital, ses idées devenaient plus claires.

Elle détestait les lundis, et demain plus particulièrement. Qu'importe s'il fallait annoncer à Frédéric que son plus gros client était furieux après lui à cause d'elle. Tout le monde s'en remettrait.

Mais à présent, il faudrait aussi lui dire qu'en ce moment même, son père mourait à petit feu dans un hôpital de banlieue.

Ça allait être le pire lundi de sa vie.

17

Frédéric se réveilla à 2 heures de l'après-midi, ne sachant plus où il était. Faire la grasse matinée lui était complètement étranger – mais après une énième nuit sans sommeil, il s'était finalement écroulé à l'heure où d'autres se levaient. Il se sentait vaseux. Il enfila un jean et sortit dans le froid piquant, alors que le soir s'annonçait déjà.

Ses pas l'amenèrent vers la rue de Rivoli, d'habitude calme le dimanche. Mais aujourd'hui, des dizaines de milliers de pieds se ruaient vers les magasins, qui étaient ouverts les dimanches précédant Noël. La foule qui se pressait sous les extravagantes décorations semblait être saisie d'une folie dépensière. Les bras chargés de paquets, deux dames se chamaillaient pour un taxi. Des haut-parleurs piaillaient des chansons de Noël. Frédéric se félicitait tout bas de ses choix. Pas de famille, pas de cadeaux, pas de concession à cette mascarade commerciale qu'on appelait les fêtes de fin d'année. Et c'était bien comme ça car il était sans le sou. Il pensa à Marcia, puis s'efforça de ne plus y penser.

Il bifurqua et se retrouva près de la Seine. Enfin, il pouvait marcher et réfléchir. Il inspira à fond, remplit ses poumons d'air hivernal et se dit soudain que peut-être tout irait bien. L'espace d'un instant il se mit à croire que, peut-être, Fabrice Nile était venu dans sa vie pour y apporter de bonnes choses et que pour les récolter il suffisait de se laisser guider. D'aller à ces rendez-vous étranges le cœur léger. De laisser faire la destinée. Mais l'instant s'évanouit pour laisser place à des scénarios compliqués voilés d'angoisse.

Des échos de sa conversation de la veille avec Jamel lui revinrent. Ils étaient tous les deux dans le train pour Paris. Frédéric avait essayé de questionner Jamel sur ce tableau que Fabrice voulait lui donner avant sa mort, mais son nouvel ami n'en savait rien. Ou ne voulait rien dire.

— Il m'a demandé plusieurs fois de l'aider à donner un tableau à l'avocat, continuait Jamel. Et je lui ai promis que je l'aiderais, même si c'est tout ce qu'il m'a dit : « le tableau à l'avocat ». Et attention, c'était pas une promesse en l'air. J'aurais fait n'importe quoi pour lui. Mais le pauvre vieux est mort avant de m'en dire plus. Maintenant, je pense qu'il a jamais voulu m'expliquer de quoi il retournait, qu'il voulait juste ma promesse que je l'aiderais. Et voilà. Si vous avez une idée de ce qu'on doit faire après, je suis partant.

Frédéric réfléchissait.

— Bien sûr, vous ne l'avez pas vu, ce tableau ?

— Nope. Mais il disait qu'il était de Monet.

Le cœur de Frédéric manqua un battement.

— Claude Monet ?

— Vous savez, moi et les prénoms…

— Vous êtes sûr qu'il a dit Monet ?

— Ça j'en suis sûr, car ça ressemblait à *Money, gimme ze money*…

Jamel eut un geste de rappeur et rit de sa blague.

Frédéric fit une pause.

— Vous pensez… que c'est un vrai ?

— Que voulez-vous que j'en sache ? Enfin, je veux pas vous décevoir… Ça vaut une petite bombe, ces Monet-là, non ? J'm'y connais pas en art, mais je r'garde les infos de temps en temps. Vous pensez pas que Fabrice, qui pouvait se payer des repas chauds qu'une fois sur deux, il avait sous l'aile un truc qu'on trouve dans les musées ? Bon, cela dit, il fréquentait pas que des gens *clean*, et puis vous savez, dans la rue, on en voit des vertes et des pas mûres… Mais j'y pense, Fabrice, il vous a rien laissé d'autre que votre billet de train ?

Frédéric le regarda, baissa les yeux et dit :

— Non.

Jamel eut l'air chiffonné et baissa les yeux aussi.

Ils arrivaient à la gare Saint-Lazare. Et, au milieu de la foule et du bruit de mille voyages, Jamel dit à Frédéric :

— Écoutez, je vous ai dit tout ce que je sais, mais vous savez, le Fabrice, des fois, il sortait des trucs qu'avaient pas de sens. Moi j'étais habitué, je laissais couler. Mais là-dedans, y a peut-être des choses qui veulent dire quelque chose pour vous. Alors si jamais vous y pensez, on arrivera peut-être à reconstituer le puzzle, tous les deux. Et moi, je lui ai promis, à Fab. Considérez ça comme une dette entre voyous, hein ? J'aimerais bien que vous l'ayez, votre tableau. Que ça soit une croûte ou un trésor, si Fab voulait que vous l'ayez… C'était mon pote, vous voyez ? Ma promesse, c'est parole d'évangile. Vous pouvez compter sur Jamel. Je vous file mon numéro, vous appelez quand vous voulez.

Frédéric avait noté le numéro que Jamel lui dictait,

lui avait serré la main et l'avait vu s'éloigner en boitant vers la rue animée. Il s'était senti étrangement touché par cette main tendue, à en avoir la gorge serrée. Une profondeur imprévue dans ce mec un peu paumé. Il avait mis cet accès de tendresse envers cet inconnu sur le compte de la fatigue et de l'angoisse de l'imprévu. À présent qu'il marchait sur les quais de la Seine, il était toujours aussi ému.

Il se mit à réfléchir. C'était sûrement une croûte, bien sûr, une de ces copies pathétiques qu'on trouvait dans les vide-greniers. Fabrice Nile semblait avoir des velléités artistiques. Ses dessins, d'ailleurs, il en était sûr à présent, n'étaient pas dénués d'un certain talent. Mais copier un Monet était une tout autre affaire. Il y avait aussi la possibilité d'un vol de tableau. Elles attiraient les criminels, ces toiles à quinze ou vingt millions de dollars. Si cette hypothèse s'avérait bonne, peut-être se retrouverait-il, à l'issue de ces rendez-vous mystérieux, à négocier avec des malfrats. S'il s'opposait par principe au trafic d'œuvres d'art, il voudrait aussi à tout prix libérer une toile de maître des mains sales de trafiquants. Aurait-il alors la grandeur d'âme de la rendre à la police ? Ou voudrait-il la garder chez lui, loin des yeux du monde ? Dans deux jours, il prendrait le bateau. Et à chaque minute, il imaginait un millier de scénarios qui chaque fois le faisaient dérailler de sa réalité.

Au fil de ses pas, il se laissait aller à la mélancolie du dimanche, cet ennui tissé de solitude où les « qu'ai-je fait de ma vie ? » dansent avec les vieux fantômes, où les regrets dessinent des crépuscules. Il avait tant marché qu'il était arrivé, sans s'en rendre compte, sur le pont des Arts. Pour admirer un moment Notre-Dame, il se pencha sur le parapet. C'est alors qu'il vit un cadenas, puis dix, puis cent, et enfin des milliers, accrochés au grillage – ces cadenas gravés de noms d'amoureux, comme des paillettes étincelant dans la lumière des lampadaires, imitant la tour Eiffel qui à ce moment scintilla. Les cadenas d'amour étaient arrivés un beau jour sur le pont, puis, brusquement, le monde entier était venu y accrocher ses amours. Les touristes de passage, les Parisiens et, un après-midi de printemps, un an et demi plus tôt, Frédéric et Marcia. C'était elle qui avait insisté, bien sûr. Mais il avait cédé, pour lui faire plaisir. Comme il aimait lui faire plaisir.

Même si tout son esprit s'y opposait, Frédéric marcha le long du parapet, en comptant les poteaux soutenant le grillage. C'était drôle qu'il s'en souvienne : neuvième en partant du Louvre. Il fallut le chercher, car au moins vingt cadenas étaient accrochés à ce bout de pont. Enfin il le vit. L'écriture au marqueur indélébile était passée, mais on pouvait toujours lire :

F + M
10 mai 2011

F + M. Des poèmes inscrits au dos de billets divers. Des tatouages, des rencontres. Un Monet d'hiver envolé. Frédéric regarda Paris. Son esprit tourbillonnait. Plus rien n'avait de sens. C'était l'heure de rentrer et de tourner la page sur ce dimanche étrange.

Surtout que lundi l'attendait, revanchard.

18

Pétronille s'accrochait à son dimanche comme un cadenas au pont des Arts. Elle avait tourné en rond tout l'après-midi. Elle avait rebattu les oreilles de Dorothée avec des scénarios emberlificotés. Elle avait répété tout haut ce qu'elle dirait à Frédéric le lendemain. Car, surtout, elle avait pensé à lui.

Dorothée le considérait comme un homme sans cœur qui laissait mourir son père. Mais Pétronille lui accordait sans condition le bénéfice du doute. Elle l'avait toujours senti : Frédéric Solis, l'avocat brillant à qui tout souriait, ce Ken de magazines sur papier glacé, cachait en lui un océan de vulnérabilité. Le temps d'un dimanche, il était devenu aux yeux de Pétronille rien de moins qu'un prince moderne dont l'auréole vacillait, assombrie de douleurs indicibles. Et, sans lésiner, la destinée n'avait placé sur la route de ce héros blessé nulle autre qu'elle, Pétronille.

Elle était fébrile d'angoisse et d'excitation. Trois heures de délibération avec elle-même avaient abouti à l'élaboration du plan suivant : elle dirait à Frédéric qu'elle avait suivi son instinct sur le dossier Fabrice Nile et avait découvert plusieurs choses. À ce moment-là, s'il n'était pas déjà assis, elle le ferait asseoir. Elle dirait qu'elle avait pris l'initiative d'aller, pendant son week-end, à l'hôpital de Pontoise, qui était la dernière adresse connue de Fabrice Nile. Qu'elle avait constaté qu'en effet, il y avait une connexion entre Nile et Ernest Villiers puisque M. Villiers était en ce moment même un patient de l'établissement. Qu'il avait bénéficié de toute l'attention des médecins – à qui elle avait parlé – mais que, malheureusement, son état de santé était désespéré. Et que – là elle parlerait presque à voix basse – son temps était compté. À ce moment-là, Pétronille lui prendrait la main et lui dirait : Je suis désolée Frédéric, je sais que ce monsieur est votre papa.

Elle attendrait sa réaction, mais userait de sa douceur naturelle pour le convaincre d'aller une dernière fois rendre visite à son père. Et le monde deviendrait meilleur.

En pyjama, elle alla chercher une grande feuille blanche. Elle aussi avait droit à sa carte au trésor. Elle saisit un magazine de gastronomie et y découpa des choux. Elle découpa aussi l'illustration enfantine d'une petite pâtisserie de village et dessina la tour Eiffel. Elle sourit à l'idée qu'elle n'avait pas envie de mettre sur sa feuille une brillante carrière de juriste ou une plage des Seychelles. Elle trouva sur internet le modèle de sa robe bleue sur un mannequin taille 34 et l'imprima. Elle continua à rêvasser et plaça sur sa feuille la photo pastel d'un petit peton de bébé.

Elle considéra son collage et elle alla récupérer dans un livre de recettes au chocolat, caché entre les pages, un article arraché à un magazine relatant la rupture de Marcia Gärtener et de Frédéric Solis. Elle découpa la photo et plaça Frédéric au centre de sa carte au trésor.

Mais elle ne le colla pas.

19

Jamel sortait de sa douche et sentait bon le pamplemousse. Il avait lu quelque part que les odeurs citronnées émoustillaient la sérotonine, l'hormone de la bonne humeur, alors il avait fait tous les magasins de Paris pour trouver un gel lavant au pamplemousse bio. C'était tout lui, ça. Il sifflait en dépliant un pyjama tout propre dans la penderie de sa chambre, quand il entendit le bip de son téléphone portable. Les amis de Jamel appelaient souvent à n'importe quelle heure de la nuit et, après tout, il n'était que 23 h 15. Il traversa son grand appartement en boitant. Il y avait des livres du sol au plafond, une grande table accueillante avec plein de chaises, deux grands canapés couverts de coussins. Ses fenêtres du quatrième et dernier étage du 25, villa de Saxe, dans le septième arrondissement, donnaient sur le petit jardin parfaitement entretenu du couvent voisin. Les autres étages lui appartenaient aussi mais il les louait à des amis, bien en dessous des prix exorbitants du quartier.

Il s'affala sur un des canapés et écouta son message.

« Bonjour Jamel, c'est Frédéric Solis… hum… l'avocat. Je vous rappelle parce que, voilà, j'ai effectivement reçu d'autres… hum… documents qui faisaient partie de la succession de Fabrice Nile. Je n'ai pas voulu vous en parler dans le train car, comment dire, je n'étais pas sûr. Enfin… J'ai décidé qu'il valait mieux que nous nous fassions confiance l'un l'autre. Alors… voilà. J'ai reçu entre autres un ticket pour une croisière en bateau ce mardi, à Vétheuil, dans le 95. Si vous êtes libre, j'aimerais que vous m'y accompagniez. Je prendrai en charge vos frais, bien entendu. J'apporterai avec moi le reste de… hum… de mon héritage, vous me direz ce que vous en pensez. Voilà… hum… mon numéro de portable, rappelez-moi pour que nous nous fixions rendez-vous. Merci, bonne soirée. »

Jamel sourit. Il resta longtemps, les yeux au plafond, étendu de tout son long sur son canapé tout mou. Oui, il avait bien fait. Ça allait marcher. Le sourire de Fabrice lui revint soudain en mémoire. C'était sûr, Fabrice lui manquait.

Pauvre vieux, pensa Jamel. J'espère que t'es bien là où tu es.

Il resta silencieux, comme s'il attendait la réponse de son ami.

— Enfin, tu vois, dit-il tout haut en montrant son téléphone portable au plafond, tu seras pas mort pour rien. Ça va marcher, mon pote. Ouais, ça va marcher.

Puis il se leva et traîna la patte jusqu'à son lit, où il s'installa, des coussins calés dans le dos, avec un roman d'aventures. Sur le bureau en face de son lit, était entassé un fouillis, avec la même photo de Fabrice et de ses amis que Pétronille avait vue à l'hôpital. Il soupira d'aise. Demain on serait lundi, ça serait un bon jour.

20

Pétronille arriva devant la porte de l'appartement de Frédéric un peu avant 17 heures. Elle était en avance. D'habitude, Frédéric la faisait venir chez Dentressengle-Espiard & Smith le lundi matin. Son bureau, qu'il partageait avec sa secrétaire officielle – une femme tout à fait antipathique –, bénéficiait d'une vue superbe sur les Champs-Élysées. Mais, cette fois, il l'avait convoquée chez lui et l'avait fait poireauter jusqu'en fin d'après-midi. Pétronille avait passé la journée à mâchouiller son crayon et à essayer de ne pas salir la robe qu'elle avait choisie pour ce jour-là. Devant la porte, elle la lissait à nouveau, cette robe vintage vert bouteille qui soulignait ses courbes et la couleur de ses yeux. Elle avait un peu mal aux pieds avec ses talons plus hauts que d'habitude.

Enfin, Frédéric ouvrit la porte. Il était au téléphone et ne la regarda pas, lui faisant juste signe d'attendre dans le salon pendant qu'il parlait dans la chambre. Pétronille se rendit compte que Frédéric utilisait un vieux téléphone portable passé de mode – qu'était-il arrivé à son Smartphone dernier modèle ? Elle s'assit sur le canapé, un classique du design moderniste, et le trouva exceptionnellement inconfortable, surtout pour elle qui rentrait le ventre. Elle écouta Frédéric ; il parlait de tout et de rien avec un client. Puis elle l'entendit dire :

— OK, parfait Richard, je suis ravi que les choses se soient améliorées entre vous. Bonnes nouvelles, bonnes nouvelles. En tous les cas, si vous avez besoin de moi, n'hésitez pas.

Pétronille se dit qu'elle entendait rarement ce genre de discours de la part de Frédéric. Ses pas se rapprochèrent et elle se redressa. Mais son téléphone sonna à nouveau et il repartit dans son petit bureau.

Pétronille attendait, droite sur le canapé. Elle regardait autour d'elle. L'appartement était un peu plus désordonné que d'habitude. Elle vit que le lustre en cristal avait disparu. C'était la deuxième fois qu'elle remarquait du mobilier manquant. Peut-être avait-il décidé de redécorer son appartement. Ce qui lui semblait étrange, c'est qu'elle n'ait pas vu passer de bon de commande ou de demande d'enlèvement. Elle oublia ce détail car quelque chose attira son attention. Contre le mur au-dessus de la console était accroché un cadre. À première vue, elle pensa qu'il s'agissait de l'œuvre d'un artiste contemporain qu'il avait dû acheter récemment, mais bien vite elle l'identifia : la carte au trésor de Fabrice Nile. Elle se leva pour l'inspecter et reconnut les dessins qu'elle n'avait pas pu bien voir sur la photo de l'hôpital. Maurice avait dit juste. À côté du cadre, il y avait une boîte entrouverte. Elle pouvait juste lire la mention *Fabrice Nile* sur une lettre. S'assurant que la porte du bureau était bien fermée, elle leva le couvercle pour mieux lire. C'était un courrier notarié et il y était question d'une succession. Elle trouva aussi les poèmes rédigés à l'encre rouge au dos des tickets. Son cœur battait. *Un grand départ pour une impression nouvelle / Mets tes pas dans ceux des Refusés..., Souviens-toi de ce bel amour / Qui cachait l'hiver en son sein..., Cueille à temps les féeries de ton étang / Ou règne bientôt sur un océan / De fleurs fanées..., L'altière paix des choses.*

Tant de mystères ! Mais ces Refusés... d'après Maurice, c'étaient les patients de l'hôpital qui ne rentraient pas chez eux le week-end... Pourquoi se retrouvaient-ils sur un ticket de train pour Éragny ? Et que voulait dire le reste ? Frédéric le savait-il ? Elle crut entendre la voix de son patron se rapprocher, referma le couvercle et reprit si vite sa place sur le canapé qu'elle manqua se tordre la cheville à cause de ses talons.

Frédéric sortit du petit bureau en refermant la porte.

— À nous, fit-il, avec un sourire mécanique.

Pétronille le regarda s'asseoir sur le fauteuil de l'autre côté de la table basse. Il avait l'air fatigué, des cernes noirs plombaient ses yeux. Mais comme il était bel homme, sa chemise blanche tendue par ses pectoraux, les manches remontées sur ses bras bronzés même en décembre. Pétronille se dit juste qu'elle ne pourrait pas poser sa main sur la sienne à cause de cette satanée table basse entre eux. Elle inspira et commença :

— J'ai travaillé ce week-end et...

— Pétronille, l'interrompit Frédéric. J'ai parlé ce matin à John Witherspoon.

Ah, Witherspoon, elle l'avait oublié.

— Ah oui, je suis désolée pour le rendez-vous, mais j'ai glané des informations...

Frédéric l'interrompit de nouveau.

— Ce que j'ai à vous dire est très difficile et sachez que c'est le cœur lourd que je vous l'annonce, mais, malheureusement, je ne suis pas en mesure de renouveler votre contrat de travail.

Pétronille sentit une chape de plomb s'abattre sur elle et se trouva dans l'impossibilité d'articuler un mot. Frédéric lui expliqua avec beaucoup de tact qu'elle avait de nombreuses qualités et qu'elle avait fait preuve d'initiatives créatives qui avaient été dûment remarquées, mais que le poste demandait avant tout de la rigueur et de la constance. Il nota aussi, en baissant les yeux, que le contexte économique ne permettait pas de lui proposer une formation. Bref, sa décision était sans appel. Il ajouta :

— Je connais l'obligation de vous donner un préavis d'un mois, mais ce n'est pas le cas en l'occurrence, car votre contrat se termine dans dix jours. Je vous propose donc, en échange, de vous dispenser de travailler pendant ces dix jours mais de vous payer votre salaire. J'ai déjà fait préparer les papiers. Si ces termes vous conviennent, vous n'avez plus qu'à les signer.

Il observa une pause.

— J'ai aussi préparé vos références pour un prochain employeur que, je pense, vous n'aurez aucun mal à trouver.

Pétronille déglutit. Elle se concentrait pour ne pas pleurer et dit, la bouche sèche :

— Oui, d'accord.

Ils signèrent les papiers. Frédéric proposa de lui payer le taxi pour rentrer chez elle, et ils convinrent qu'elle donnerait au chauffeur tous les documents en sa possession dans son appartement. Tout serait réglé sur-le-champ, et ce soir elle serait libre. Et sans emploi.

Pétronille se leva. Il lui serra chaleureusement la main, la remercia pour son travail et elle partit avec ses papiers et sa lettre de recommandation. Alors qu'elle était sur le pas de la porte, Frédéric s'enquit, hésitant sur les syllabes :

— Une dernière chose : vous n'avez rien trouvé sur Fabrice Nile, n'est-ce pas ?

Pétronille le regarda, vit soudain cette vulnérabilité qu'elle avait toujours suspectée et répondit :

— Non.

Frédéric regarda par terre et hocha la tête.

— Bon, eh bien, bonne continuation, Pétronille.

Mais celle-ci dévalait déjà l'escalier, les yeux brouillés par les larmes.

21

Frédéric se retrouva seul. C'était la première fois qu'il avait eu à licencier quelqu'un. Il avait passé toute la journée à retourner la décision dans sa tête car la vérité était qu'il appréciait Pétronille. Mais il n'aurait pas pu payer son salaire du mois prochain. Et comme il ne devait révéler à personne qu'il était en difficulté financière, la bévue avec John avait été une occasion toute trouvée. Il espérait qu'elle n'aurait pas pris ce renvoi trop à cœur. Pour alléger sa conscience, la lettre de recommandation qu'il avait rédigée était dithyrambique.

Depuis ce matin, les choses allaient de mal en pis. Il avait tout juste réussi à calmer le jeu avec John, en s'excusant personnellement et en le persuadant qu'il n'était finalement pas nécessaire de se voir avant le rendez-vous du juge le lendemain. Mais une autre lettre recommandée était arrivée, le sommant de payer une dette. Sa conversation avec la banque avait été désastreuse. L'antiquaire offrait un prix ridicule pour son lustre en cristal. Mais le pire, et qu'il n'avait pas du tout vu venir, c'était la réaction de Dany à son absence. Elle l'évinçait.

La surprise qu'elle lui avait réservée, le soir où il

n'était pas venu – et sa raison de faire la fête, s'il lui en fallait une –, était qu'elle annonçait son divorce. Elle avait compté célébrer cette décision avec son avocat. Frédéric savait que les amitiés qui se tissent dans les boîtes de nuit de Paris sont illusoires. Mais il n'avait pas imaginé que sa relation avec Dany était aussi fragile. Offensée, elle avait pris un autre avocat du cabinet rival de Dentressengle-Espiard & Smith. Il se doutait bien sûr que sa déchéance avait moins à voir avec la soirée manquée qu'avec son indifférence répétée aux avances de l'actrice. En tous les cas, il pouvait faire une croix sur le réseau showbiz de Dany Simonet, et Dentressengle-Espiard & Smith aussi.

Il avait parlé à deux clients potentiels qui l'avaient contacté pour une procédure éventuelle. Mais l'un, un présentateur télé *has been*, attendait que la crise soit passée pour entamer une procédure de divorce et pour l'autre, une jeune chanteuse pop, une retraite à Bali avait rallumé la flamme conjugale. Frédéric se retrouvait avec, sur les bras, un réseau grillé – et donc zéro prospect –, une affaire loupée et un John énervé. Lui que le vieux Dentressengle appelait « Monsieur *Paris Match* » ! Tant qu'il gardait ce sobriquet, la promotion au statut de partenaire était à portée de main. Il fallait qu'il trouve des divorces célèbres, et vite. L'affaire de John devait coûte que coûte marcher comme sur des roulettes. Demain avait lieu la séance avec le juge. Il y avait aussi la croisière – mais elle était programmée pour 10 heures, alors que l'audience se déroulerait à 17 heures. Frédéric aurait amplement le temps de rentrer ; mais tout de même, il était tendu.

Il passa le reste de la journée à se concentrer sur le dossier Witherspoon, sur lequel il y avait encore beaucoup à faire. Un peu avant 23 heures, il reçut un appel de Jamel. Ils convinrent d'un rendez-vous le lendemain, et Frédéric se remit au travail. Mais il ne pouvait plus se concentrer. Il décida qu'il travaillerait encore en rentrant de la croisière. Il fallait aller se coucher.

Car, demain, tout devait bien se passer.

22

Frédéric attendait devant le petit ponton sur la Seine, au bout du parc, quand il vit Jamel descendre le chemin, avec son air tranquille et sa jambe en retard. Pourquoi Frédéric était content de le voir, il n'aurait su le dire. La cloche de la petite église de Vétheuil sonna 10 heures.

— Content de vous voir, l'ami, fit Jamel en lui tendant la main.

Frédéric la serra et lui dit :

— J'espère que je ne vous ai pas fait venir pour rien. Pas vraiment le temps idéal pour les plaisirs nautiques.

Les deux hommes regardèrent la Seine. Certains endroits du côté de Lavacourt, sur l'autre rive, étaient glacés. Les petites plages étaient encore parsemées de neige. De minuscules flocons se mêlaient parfois au vent piquant. Les barques sous le ponton se dandinaient, leurs bâches givrées. Et pas une âme dehors.

— C'est sûr que, le Fabrice, il aurait choisi un jour en août, ça aurait été un brin plus jovial, fit Jamel en se frottant les mains.

Frédéric sourit. Maintenant qu'il était là, devant la Seine, devant ce paysage en camaïeu de gris, devant ces barques froides, il savait pourquoi Fabrice avait choisi décembre pour cette croisière hors saison.

— M'est avis que c'est pour nous, annonça Jamel avec un sourire en coin.

Frédéric se retourna. Arrivait, traversant le parc, avec des cuissardes un peu ridicules et un bonnet bleu à pompon qui avait connu des jours meilleurs, un grand Africain à la barbe clairsemée embarrassé d'un sac en plastique de supermarché et de deux gilets de sauvetage. Il était plutôt jeune – à peine la quarantaine – et paraissait tellement grand, en dévalant la pente du parc, qu'on aurait pris ses cuissardes pour des bottes de sept lieues. Frédéric ne put s'empêcher de jeter un œil à la barque et de la jauger mentalement : eux deux plus les jambes de ce marin improbable n'y rentreraient jamais. Il devait forcément y avoir un autre bateau plus loin.

— Maître Solis, *I presume* ? Bertrand Ahmed, mais appelez-moi Capitaine. (Il étalait ses dents blanches et tendit à Frédéric une main infiniment longue. Puis il se tourna vers Jamel – il faisait deux têtes de plus que lui.) Et à qui ai-je l'honneur ?

— Appelez-moi Jamel, fit l'intéressé. Dites, vos cuissardes, elles marchent toutes seules ? C'est bien ce qu'il me faudrait, tiens.

— Nos jambes sont faites pour le voyage, qu'importe la longueur de nos pas, dit Bertrand solennellement. (Il se mit à ôter une bâche qui révéla une longue barque colorée et regarda Jamel qui traînait la patte pour aller chercher son gilet de sauvetage.) Vous, mon ami, je dirais que vous avez le pied marin. Car voyez, c'est là tout le génie de la marine : pas besoin de marcher, tant qu'on est sur la flotte.

Il fit signe à Frédéric d'enfiler son gilet de sauvetage, ce que celui-ci fit avec réticence : le plastique jaune un peu poisseux se mariait mal avec le cachemire beige de son manteau.

Enfin Jamel et Frédéric s'installèrent dans la barque, qui tangua dangereusement lorsque le Capitaine y posa le pied. Puis ses longs bras s'emparèrent des rames et, en deux ou trois coups de bras, les trois hommes se retrouvèrent au milieu de la Seine. La neige tombait régulièrement, en flocons légers emportés par le vent.

— Un beau jour pour naviguer. Vivifiant, n'est-ce pas ? fit le Capitaine, qui inspirait l'air glacé les narines grandes ouvertes.

Mais aucune réponse de ses passagers ne lui parvint : Jamel essayait de faire un nœud avec les cordons de sa capuche sous son menton et Frédéric… Frédéric était perdu dans un tableau de Monet.

Oui, il savait pourquoi il était là. Le chevalet de Monet était passé, comme lui, à la gare Saint-Lazare et à Argenteuil mais Frédéric n'y avait pas senti la présence du peintre. Alors qu'ici, sur la Seine glacée, sur ce paysage d'hiver extraordinaire de pâleur et de pureté, il voyait en filigrane *La Débâcle à Vétheuil*. Le temps n'avait rien effacé : les rives de Lavacourt, la silhouette de l'église, le blanc infini du ciel, les reflets irisés, les îles de Bouche et de Moisson…

— … l'île de Bouche et celle de Moisson, plus loin, et là, la rive de Haute-Île, toutes peintes par Claude Monet…

Frédéric réalisa que le Capitaine avait commencé la visite guidée. Il en connaissait déjà tous les détails, la série de dix-sept toiles sur la débâcle étant invariablement mentionnée dans les ouvrages sur les « effets de neige » impressionnistes. Mais il écouta avec plaisir le discours chantant et éclairé du Capitaine. Jamel lui aussi était tout ouïe.

L'hiver 1879-1880 avait connu un froid exceptionnel. Paris avait été immobilisé, les transports avaient été bloqués et la Seine avait gelé. Le 5 janvier 1880 avait eu lieu la débâcle, et Monet, habitant alors sur ces lieux mêmes, à Vétheuil, s'était enthousiasmé pour cet événement rare. Grand amoureux de la nature et de la peinture en plein air, il possédait un bateau-atelier qu'il fit naviguer pour l'occasion, malgré les températures glaciales.

Le Capitaine expliqua que Monet peignait par tous les temps, même quand la Seine était gelée. Parfois, on lui apportait une bouillotte. Pas pour ses pieds, mais pour ses doigts gourds, qui menaçaient de laisser échapper le pinceau.

Puis le Capitaine se tut et chacun se laissa aller à la contemplation. Tout était calme, et le silence composait avec le clapotis de l'eau, les cris de quelque oiseau, le grincement de la barque. La neige qui tombait de plus en plus densément semblait avoir étouffé le reste. Frédéric se sentait serein et cet état d'esprit était un minuscule miracle. Ses mains étaient douloureuses de froid et une question lui brûlait les lèvres mais il s'efforça de faire durer le silence qui apaisait son cœur et ses fièvres telle une pommade tiède. Il y avait la joie aussi, cette sorte de bonheur qui flottait autour de la barque, mais Frédéric n'osa pas s'y laisser aller de peur qu'elle ne s'interrompe. Puis Jamel rompit le charme en se mouchant bruyamment et Frédéric demanda au Capitaine ce qu'il voulait lui demander depuis le début :

— Connaissiez-vous Fabrice Nile ?

— Fabrice qui ? fit le Capitaine.

— Nile.

— Personnel navigant ?

— Non.

— Ça ne m'étonne pas. Les hommes au nom de fleuve ne sont généralement pas faits pour le large.

Et, pour clore la conversation, il reprit les rames et fit faire demi-tour à la barque. Frédéric n'insista pas. Les trois hommes glissèrent en silence le long de la Seine et dépassèrent le ponton ; Frédéric se demanda où ils allaient. Il regarda sa montre. 10 h 45. Plus de six heures avant l'audience avec le juge : aucune raison de s'en faire. Alors, pourquoi était-il anxieux ? Ces flocons, peut-être, qui épaississaient à vue d'œil. Et Vétheuil qui était à une heure de Paris, quand ça roulait. La voix riche du Capitaine rebondit comme des galets sur l'eau :

— L'observateur sensible décèlera sur les toiles de Monet peintes à cette période les reflets d'une profonde mélancolie. Certains universitaires ont suggéré que la clef de ce vague à l'âme se trouvait ici même, à Vétheuil, dans cet endroit qui clôturera notre visite.

Les trois hommes débarquèrent. Frédéric et Jamel, sur les instructions du Capitaine, laissèrent leurs gilets de sauvetage dans la barque. Ils suivirent leur guide à travers un petit chemin plein de mauvaises herbes qui sinuait entre les belles maisons bourgeoises de Vétheuil et la rivière. Finalement, ils arrivèrent devant la grille rouillée du cimetière.

Le Capitaine se planta alors devant une tombe qu'entouraient une petite grille et des petits buissons bien taillés. Jamel lut tout haut :

— Camille Doncieux…

Frédéric comprit. *Souviens-toi de ce bel amour qui cachait l'hiver en son sein.* Il se trouvait devant la tombe de Camille Monet, née Doncieux, la première épouse du peintre, la compagne des années de grande faim et de misère, emportée par un cancer. Le public la connaissait par le célèbre tableau du *Champ aux coquelicots*. D'autres reverraient son fantôme voilé couché sur la toile par son amoureux qui trouva encore les forces de la peindre dans son lit de mort. Mais Frédéric, lui, se souvenait de la Camille immortelle de *La Capeline rouge*, son visage surpris dans un instant de grâce par la neige qui illuminait son jardin et par le peintre qui la contemplait depuis sa fenêtre.

Alors que Frédéric et Jamel se recueillaient devant la tombe de Camille, les flocons redoublèrent d'intensité.

— Il est temps de rentrer. Où est le Capitaine ? demanda Frédéric.

Les deux hommes regardèrent autour d'eux ; leur guide avait disparu. Tant pis, ils ne pourraient pas le remercier. Ils se dirigèrent vers la sortie, mais Frédéric distingua la grande silhouette à travers les flocons, du côté du muret en pierre. Il s'approcha, mais n'osa pas s'avancer davantage : le Capitaine se recueillait devant une petite stèle grise. *Simon Offenbach [1946-2001]*, indiquait la dalle rayée d'un tag qu'on avait tenté de nettoyer. Le Capitaine plongea sa longue main dans son sac et en sortit un pot en céramique d'où dépassait un petit géranium en plastique rouge. Rouge comme la cape de Camille en ce lointain jour d'hiver. Le Capitaine déposa son offrande sur la tombe qui petit à petit se drapait de blanc, ramassa les morceaux de marbre épars d'une plaque cassée. Frédéric ne put pas lire les mots fêlés qu'on y avait gravés, mais les gestes fragiles de cet homme lui disaient que l'âme qui reposait ici était bien-aimée.

Envolées, les manières de pirate, envolés ses airs

d'acteur de théâtre, envolé, le Capitaine. Là, il ne restait plus que Bertrand Ahmed, celui qui avait eu un ami, un jour, qu'on appelait Simon. Ou était-ce un père, un frère peut-être ? Frédéric regretta son intrusion et faisait deux pas en arrière quand il entendit :

— Un ami. Un grand homme devant lequel je me sens toujours si petit.

Bertrand parlait-il à Frédéric ? Il ne l'avait pas regardé. La neige était à présent si épaisse qu'elle recouvrait la barbe de Bertrand. Le blanc éclatait contre sa peau noire, ses yeux couleur de terre scintillaient devant le géranium rouge.

— C'est le cancer qui a emporté Camille. Simon, lui, c'est l'intolérance. L'intolérance ordinaire, celle qu'on ne remarque pas. L'exclusion qu'on ne remarque pas non plus parce que le monde est si vieux et que c'est pas à son âge qu'il va changer ses habitudes. La calomnie qu'on ne remarque pas, parce que ça fait rire les voisins à l'apéro. Et ceux qui la remarquent, eh bien, ils se taisent, pour ne pas se faire remarquer.

Il laissa un moment la neige remplir de son murmure le petit cimetière.

— Simon, lui, il était blanc. Mais il avait le cœur de la mauvaise couleur.

Il fit un salut de marin, dit : « Maître Solis, monsieur Jamel… » et s'en alla. La grille du cimetière grinça un peu, puis se tut.

Le guide était parti. Frédéric se trouvait seul avec le compte à rebours des jours qui restaient avant la visite promise par le prochain ticket. Un mystère avait été percé. Et alors ? Le jeu n'avait mené nulle part. Il n'avait plus qu'à rentrer chez lui, sans tableau, sans vérité, sans drame. Car même un drame, il l'aurait accueilli ; au moins, il aurait pu exprimer cette colère qui enserrait sa poitrine. Mais, comme les doigts de Monet, la colère de Frédéric était gourde. Il se retourna et vit Jamel qui regardait la tombe de ce Simon Offenbach. Jamel n'était qu'un passager dans ce voyage. Il avait abandonné l'idée que son compagnon sache quoi que ce soit. La colère de Frédéric se tassa dans un coin, revancharde et muette, peut-être parce qu'il n'avait personne à qui la dire. Quand il retrouva enfin sa voix, il dit à Jamel :

— Je vous offre un café ? Je meurs de froid.

Jamel hocha la tête. Tandis que Frédéric tournait les talons en remontant son col pour échapper aux flocons, Jamel resta encore quelques secondes à fixer la tombe avec le géranium. Même s'il ne voulait pas le montrer, les paroles de Bertrand avaient bousculé le cœur de Frédéric ; mais il semblait que Jamel ait encore davantage accusé le coup – se pouvait-il qu'il ait connu Simon Offenbach ? Frédéric repoussa cette pensée absurde. Jamel était une âme sensible, voilà tout.

23

Vingt minutes plus tard, ils étaient attablés dans un petit café du centre de Vétheuil, Le Rendez-vous des Sports. Le village, ses toits en tuile et le pavé de ses rues étaient recouverts de près de quatre centimètres de neige, et les flocons continuaient de tomber à vive allure. Frédéric avait téléphoné à un tas de compagnies de taxis mais aucune voiture n'était disponible. Il avait donc suivi le conseil de Jamel, à savoir de déjeuner tôt en attendant que la neige s'arrête et de rentrer à Paris en début d'après-midi. Il restait encore largement le temps avant la séance avec le juge. Les deux hommes avaient commandé le menu du jour à douze euros. Frédéric demanda à Jamel si cette excursion lui avait fait remonter des souvenirs.

— Je sais pas si ça va vous aider, mais il y a quelque chose qu'il a dit, le Capitaine, pendant qu'on était sur le bateau, qui m'a fait tilt. Que Monet était fasciné par les effets de neige, parce qu'ils étaient si éphémères. « Éphémères ». Ce mot, ça m'a rappelé Fabrice. J'ai mis du temps à me rappeler toute la phrase, mais maintenant j'en suis sûr : il disait que Monet, c'était plus qu'un peintre, c'était un poète, parce qu'il retenait l'éphémère pour apprivoiser l'instant. Je le dis pas bien, Fabrice le disait mieux, mais c'était ça qui le faisait kiffer : *apprivoiser l'instant.*

Frédéric réfléchit. Le tableau qui l'attendait quelque part était une scène d'hiver, il en aurait mis sa main à couper.

— Et ce que le Capitaine a dit ensuite, cela ne vous a rien rappelé ? fit Frédéric.

— Sur la tombe de Camille ?

— Non, sur l'autre.

Jamel baissa les yeux. Il touilla sa tasse de café vide.

— Si. Si, évidemment. Je n'y avais pas pensé, dit-il enfin.

— L'intolérance, fit Frédéric.

Jamel continuait de regarder sa tasse.

— Les bancs, la rue, la nuit, et tout, il s'y était fait. On se fait à tout, qu'on dit. Mais l'intolérance, on s'y fait jamais.

Frédéric sembla perdu un moment dans ses pensées puis se leva. Jamel le regarda se diriger vers le patron derrière le bar.

— Excusez-moi de vous déranger. Vous connaissiez un Simon Offenbach ? Il est enterré au cimetière, mort il y a un peu plus de dix ans…

— Simon Offenbach, Simon Offenbach, c'est pas la tombe taguée ? demanda l'homme.

Un des clients, un maigrichon pâle avec des mains égratignées, laissa le flipper pour se joindre à la conversation.

— Offenbach, rappelle-toi, Christian, *La Cage aux folles*. Le professeur, là, avec sa poule, qu'ils venaient les week-ends.

Alors c'était ça, pensa Frédéric, ce cœur « de la mauvaise couleur » dont avait parlé le Capitaine.

L'homme du comptoir s'adressa à Frédéric, en ricanant :

— Deux petits messieurs, vous voyez ce que je veux dire ? Il prit pour l'effet une pose efféminée, genou plié, main en l'air et bouche en cœur.

— Tu exagères, fit le patron.

— Attends, Christian, s'indigna le client, qu'on soit clairs : les tags sur les tombes, en général, je suis pas pour, faut du respect pour les morts. Mais là, moi je dis aussi que s'ils étaient discrets, les pédés, ça serait beaucoup mieux pour tout le monde.

— Ils *étaient* discrets, rectifia le patron.

— Enfin, ils habitaient dans la même maison, et les Duteil, ils l'ont visitée, la baraque, y avait qu'une seule chambre. Alors tu vas pas me dire. Comment qu'il s'appelait, déjà, l'autre, sa poule…

— Ça va, ordonna soudain Jamel, toujours assis à sa table.

Ses yeux étaient devenus noirs. Le maigrichon lui renvoya un regard sombre.

— Qu'est-ce qu'il a, lui… Dis, t'es pas d'ici, toi…

— Patrick, mollo, avertit le patron.

— C'est bon, fit Frédéric. Effectivement, on n'est pas d'ici, on est de Paris et on ferait bien d'y aller. Dites-moi combien je vous dois.

— Avec les cafés, trente euros tout rond, fit le patron. Vous prenez le train à Mantes-la-Jolie ? J'ai pas l'impression que ça roule des masses, avec la neige ; vous feriez bien de vérifier.

À ce moment, la clochette de la porte d'entrée tinta et une cliente vint secouer la neige de son blouson sur le paillasson. Frédéric vit que celle-ci tombait à présent en rafales épaisses, presque à l'horizontale.

— Ma belle, fit le patron, tu viens de la gare ?

— Ah, j'aurais bien aimé, j'avais rendez-vous avec un fournisseur à Paris à 14 heures. Mais y a pas un train qui circule, les taxis, ils ont tous foutu le camp et le périph, c'est la merde totale. J'ai dit à la petite de rentrer chez elle et j'ai fermé la boutique. Que veux-tu que je te dise, y a personne qui va m'acheter de la lingerie par ce temps-là, hein ? Tiens, Christian, sers-moi un chocolat bien chaud, avec de la mousse.

Frédéric jeta un œil sur l'horloge Pastis 51 au-dessus du bar. 12 h 46. Il ne lui restait plus que trois heures pour rentrer à Paris. Et l'autre énervé, de l'autre côté du bar, regardait Jamel par en dessous en serrant ses poings rouges.

— On y va, fit-il à Jamel. On trouvera bien un moyen.

Comme ils sortaient, le client maigrichon murmura encore entre ses dents :

— Les bougnoules qui viennent faire la loi chez nous, ça suffit comme ça.

Frédéric sentit la plus minuscule des pauses dans le pas de Jamel, mais celui-ci continua et referma la porte du bar derrière lui. Sous l'auvent qui tremblait dans le vent, les deux hommes regardèrent la place du village : on n'y voyait pas à vingt mètres. Frédéric dit soudain à Jamel :

— Vous m'excusez deux secondes ?

Il retourna dans le bar en laissant la porte entrouverte et se dirigea vers le client maigrichon. Il griffonna un nom et un numéro de téléphone sur une page de carnet qu'il déchira et lui tendit.

— C'est quoi, ça ? fit l'autre, hébété.

— Ce sont les coordonnées d'un confrère. Voyez, je suis avocat au barreau de Paris et ce monsieur est mon client (il montra du doigt Jamel). Je me dis que vous aurez sûrement besoin d'une représentation légale rapidement. Diffamation raciale publique : un an de prison. Diffamation publique contre les personnes en raison de leur orientation sexuelle : un an de prison. Incitation à la violation de sépulture à caractère discriminatoire : cinq ans de prison. Eh oui, ça s'additionne vite, tout ça. Alors que, par exemple, si je vous traite de pauvre type ou de trou-du-cul, je ne risque rien – voyez comme la loi est méconnue. Voilà, mon vieux. Vous verrez, il est très bien, Me Mireau. Pas trop cher ; pour dix mille euros, vous aurez un service correct. Ne me remerciez pas. Messieurs dames…

Il salua l'assemblée et ressortit. Sa colère du cimetière s'était totalement envolée. L'autre était livide. Jamel et Frédéric s'avancèrent tous les deux dans la tempête.

24

John Witherspoon glissa sur le trottoir en sortant de sa voiture. Son chauffeur tenta de le retenir mais il était trop lourd. Il se retrouva à jurer ses grands dieux, l'arrière-train dans la neige sale. Il n'y avait pas de tempête à Paris, mais les flocons épais n'avaient cessé de tomber depuis le matin.

Le businessman au pantalon souillé se présenta au bureau du juge de mauvaise humeur. La journée avait déjà mal commencé : il s'était disputé avec Iko, qui voulait l'accompagner à l'audience. Son jeu était clair, c'était pour voir Solis. Et Solis, il l'avait vu au déjeuner à Bagatelle, il jouait au mec hautain, désintéressé, pour mieux la séduire. Witherspoon connaissait les femmes, et les femmes adoraient ce genre de play-boy distant. Avec ces histoires et la circulation infernale dans Paris, il avait un quart d'heure de retard. Il ne vit personne dans la salle d'attente – ni sa femme et son avocat, ni Solis. Ils avaient déjà dû commencer.

— M. Witherspoon, annonça-t-il à la réceptionniste. J'ai rendez-vous à 16 heures.

Celle-ci le regarda, se dandina sur son siège, remua quelques papiers et fit enfin :

— Vous n'avez pas été prévenu ? L'audience a été annulée.

— Et à… à quel motif ? s'indigna-t-il, trébuchant sur les mots avec son accent américain.

Son cou et ses pommettes commençaient à s'empourprer.

— Je… euh… Me Solis a été retenu en province à cause des intempéries. Son clerc a contacté votre épouse et son avocat, je suis sûre qu'ils ont tenté de vous joindre.

Witherspoon jura en cherchant dans sa poche son téléphone portable. En effet, il avait un appel manqué et un message laissé une petite heure plus tôt. Pourquoi n'avait-il pas entendu la sonnerie ? À présent, il était écarlate.

Il cracha :

— *Right*. Quand est-ce qu'il peut nous voir, le juge ? Demain ?

— Je suis désolée, monsieur Witherspoon, mais la séance doit faire l'objet d'un préavis par lettre recommandée au minimum quinze jours au préalable. (Elle feuilleta son agenda.) Avec les fêtes, ça ne sera pas avant mi-janvier.

— *Well, we're going to see about that*, avertit-il.

Il composa avec fureur le numéro de Frédéric – et tomba directement sur son répondeur.

Witherspoon tapa de son poing sur la table et la réceptionniste sursauta.

— *Damn* Solis !

Pendant que Witherspoon et ses culottes enneigées remontaient dans la Mercedes, Dorothée s'essoufflait à monter les marches qui menaient à l'appartement de Pétronille. La veille, elle avait reçu un appel de sa sœur, et elle avait mis du temps à comprendre la raison des pleurs et des hoquets qui entrecoupaient ses phrases : elle s'était fait virer. Au bout d'une heure, Dorothée l'avait calmée comme elle avait pu. Elle avait proposé de venir la voir, mais Pétronille avait refusé. Cela faisait deux mois qu'elle travaillait comme une folle, et tout ce qu'elle voulait, maintenant, c'était aller se coucher. Son aînée l'avait laissée faire la grasse matinée, mais à présent il était 16 heures, et Pétronille ne répondait pas au téléphone. Dorothée avait donc fait à pied les cinq stations de métro qui les séparaient, faute de trains. Elle avait baladé son gros ventre dans une belle petite robe, des collants en laine et ses Moon Boots en avançant très lentement pour ne pas tomber – elle portait de jolies ballerines en cuir vernis dans un grand sac en toile indienne. Enfin, elle était arrivée, et elle espérait que sa sœur serait là, sinon pour qu'elle la console, au moins pour boire un chocolat chaud.

Elle sonna et entendit des pas dans l'appartement, c'était bon signe. Quand Pétronille ouvrit la porte, Dorothée ne put s'empêcher de rire : sa sœur était couverte de farine, avec du chocolat sur la joue et ce qu'elle pensait être de l'œuf battu en neige dans les cheveux. Son tablier de pâtissière, par-dessus son pyjama de grand-père, était maculé de caramel. Dorothée se pencha pour regarder derrière elle : elle vit des choux partout.

Pétronille avait un doigt dans la bouche. Elle regarda sa sœur d'un air de petit chat triste.

— J'me suis brûlée avec le caramel.

Dorothée rit encore, mit ses bras autour de sa sœur puis la conduisit jusqu'à l'évier et fit couler de l'eau froide sur le doigt de Pétronille en disant :

— Fais-moi voir ça.

Elle joua les infirmières et Pétronille se laissa faire. Elle obéit aussi quand sa sœur lui dit d'enfiler une jolie robe et ses bottes fourrées, de mettre des escarpins dans un sac et de la suivre. Elles marchèrent toutes les deux et changèrent de chaussures sous une porte cochère en retrait de la rue. Enfin, elles poussèrent la porte d'un bar à cocktails très branché.

Dorothée, la tête haute, commanda deux cocktails, un sans alcool pour elle, l'autre corsé pour sa sœur, et lui dit :

— Alors. Raconte-moi tout.

25

Frédéric et Jamel avaient tout essayé. Ils avaient même proposé de l'argent à un camionneur qui roulait vers Paris à trente à l'heure. Cinq kilomètres après Vétheuil, ils eurent la peur de leur vie lorsque le poids lourd dérapa et se retrouva dans le fossé, le pare-chocs avant enfoncé dans le train arrière d'une voiture. Personne n'avait été blessé. En revanche, Frédéric et Jamel eurent droit à deux heures d'attente sur le bas-côté de la route, grelottant, de la neige jusqu'aux genoux. Frédéric appela son clerc. Enfin arriva la dépanneuse, qui les déposa dans une petite chambre d'hôte à la sortie de Saint-Martin-la-Garenne.

À 18 heures, Frédéric et Jamel se réchauffaient enfin devant des cafés brûlants, vêtus des habits du mari de leur hôtesse : un pantalon trop court pour Frédéric et un trop long pour Jamel. Ils étaient les seuls dans le salon, et la maîtresse de maison avait allumé un feu dans la cheminée. Quelques heures plus tôt, les pieds dans la neige, ils avaient décidé de se tutoyer. Ils s'en étaient dit, des choses, en attendant la dépanneuse. Ils avaient eu le temps d'apprendre à se connaître, sans toutefois entrer dans les confidences. À présent, ils gloussaient comme de vieux amis et Jamel remarquait que, finalement, il n'y avait rien de mieux pour briser la glace qu'une tempête de neige.

La patronne, qui ne faisait pourtant pas restaurant, leur servit avec bonne humeur de la soupe maison et une pizza surgelée. Ils étaient affamés. Et quand elle leur proposa une bouteille de bordeaux, Frédéric ouvrit grands les bras. Mais, contre toute attente, Jamel dit :

— Non merci, pas pour moi.

— J'ai du blanc, si vous voulez, fit la patronne.

— Je vous remercie, je ne bois pas d'alcool. Mais soyons fou, pour l'occasion, je vais vous prendre une eau pétillante *avec du citron*, si vous avez.

— Tu ne seras pas offensé si moi..., fit Frédéric, alors qu'il tendait son verre à la patronne.

— Pas du tout.

Frédéric but une gorgée en silence en se demandant si c'était la religion de Jamel qui lui interdisait l'alcool. Jamel attendit que la patronne sorte du salon pour dire :

— C'est pas ce que tu crois. C'est pas pour des raisons de croyance. Simplement que j'avais déjà bu de l'alcool pour une vie entière avant mon dix-huitième anniversaire.

Jamel regarda Frédéric qui s'était arrêté de boire et expliqua, de l'air de dire un truc pas grave :

— Mes parents sont morts dans un accident quand j'avais seize ans et, à l'époque, j'ai trouvé que c'était une bonne idée de prendre de la coke et de la vodka plutôt que d'être triste. Un calcul comme un autre, tu me diras.

Frédéric écoutait, immobile. Il savait d'instinct que d'autres confidences viendraient. Jamel continua :

— Tu sais, on dit des gens des fois qu'ils sont tombés au plus bas. J'imagine qu'on aurait pu dire ça de moi. Mais moi, j'avais pas l'impression de tomber nulle part. J'étais tranquillos dans mon coin – c'était le reste qui s'était éloigné. La vie, la joie, les lendemains, tout ça, c'était parti sans moi. Ces trucs-là, ça se rattrape jamais. Et puis, un jour, quelqu'un m'a tendu la main. Et d'autres ont suivi. Voilà. Je m'en suis tiré avec une patte en vrac et deux, trois histoires à raconter aux mômes qui fument des joints.

Frédéric but une autre gorgée. Il regarda la neige tomber dehors, dans la nuit. Sur le rebord de la fenêtre, le blanc s'épaississait. Pas une voiture ne passait sur la route. Les braises crépitaient dans l'insert. Frédéric dit enfin :

— Ma mère est morte quand j'avais vingt et un ans. Et mon père… mon père… c'est une autre histoire, et je ne suis pas assez saoul pour la raconter.

Jamel remua son eau gazeuse et dit sans lever les yeux :

— C'est marrant, tout le monde s'attend à ce qu'un mec comme moi ait vécu des trucs moches toute sa vie, galère après galère. Et je te rassure, quand je raconte ma vie, je ne déçois jamais. C'est mon petit côté « issu de l'immigration » – les immigrés, ils sont forcément malheureux, sinon ils seraient jamais partis d'où ils sont venus, pas vrai ? Mais les hommes brillants comme toi, pur sang, les guerriers tout en haut de la hiérarchie sociale… jamais on n'imaginerait qu'ils ont connu un seul jour de malheur.

Frédéric ricana. Jamel essayait-il de lui soutirer ses secrets ? Il fixa son verre presque vide. Sa raison lui dictait de taire son passé, de laisser les gens penser qu'il était privilégié. La seule personne à qui il avait fait ces confidences était Marcia, et il n'était pas près d'ajouter une autre âme sur la liste, pas même le sympathique Jamel.

Celui-ci se gaussa :

— Le voilà, le problème, avec les gens heureux, c'est qu'ils sont pas fortiches en causette. Tiens, j'ai vu que la patronne avait des jeux de société – on se fait un Monopoly ?

— Mon père a passé sa vie en taule, fit Frédéric, le cou rejeté en arrière pour finir son verre.

Jamel eut une réaction que Frédéric n'attendait pas : il pâlit d'un coup.

— Ben, fais pas cette tête-là, s'esclaffa Frédéric. Tu sais, je m'en suis remis.

— Pour quel crime il a fait de la taule ? articula Jamel, qui ne souriait pas.

Frédéric ricana de nouveau. Il se resservit à boire et dit :

— J'en sais rien. J'en sais rien de rien. Tu le crois, toi ? (Il but à nouveau une gorgée.) Ma mère l'a quitté illico, on a déménagé une semaine après qu'il était parti. J'avais sept ans. Elle n'a jamais parlé de lui. Enfin si, elle m'a dit qu'il valait mieux vivre en chérissant ce qu'on avait vécu que se tuer à changer ce qu'on ne pouvait pas changer. Parce que, au moins, les gens des souvenirs ne pouvaient plus nous décevoir. Elle a dit ça dix jours avant sa mort, et en fait, je ne sais pas si elle parlait d'elle ou de mon père. (Il s'arrêta un instant et reprit :) Je crois que le feu est éteint. J'ai vu du petit bois sous l'escalier, je vais essayer de le faire repartir.

Il se leva, laissant Jamel qui fixait les maigres braises. Puis il revint et remua le bois dans la cheminée. La fumée envahit un instant le salon. Ça piquait les yeux. Jamel fit :

— Et ton père n'a jamais essayé de te revoir ?

Jamel vit Frédéric, de dos, arrêter son mouvement. Un ange passa. Les braises craquèrent. Puis Frédéric répondit, le dos tourné :

— Non.

Mais, au milieu du feu qui piquait son visage, il revoyait un printemps radieux, dix-sept ans plus tôt.

26

Des conversations outre-Atlantique, une pelouse verdoyante, le campus de Harvard, un jeune Frédéric bronzé et confiant. Il avait vingt-deux ans et était déjà auréolé du succès de se trouver dans cette université illustre, malgré un passé difficile. Ce jour-là, il s'était installé dans le parc pour lire son courrier et faire sa correspondance. Il avait changé de chambre récemment, mais son ancien *roommate* lui avait gardé ses lettres dans une grande enveloppe en kraft, qu'il ouvrait à l'ombre d'un saule pleureur. Soudain, le silence lui sembla envelopper le campus. Il avait reçu une lettre d'Ernest Villiers.

Il n'avait jamais rien reçu de son père. Son dernier contact datait des quelques jours précédant ce Noël amer. Pour quel crime avait-il passé sa vie en prison ? Il l'ignorait toujours, et il avait grandi avec l'idée que c'était mieux ainsi. Mais à présent arrivait cette lettre. Au dos de l'enveloppe, sous le nom de son père, se trouvait une adresse à Paris.

Frédéric tenait le courrier dans ses mains. Il ouvrirait l'enveloppe, et dans quelques minutes il saurait tout. Tous les scénarios qu'il avait passé ses nuits à élaborer seraient détruits pour laisser place à une réalité immuable. Les myriades de questions alambiquées qu'il n'avait posées qu'à lui-même s'évanouiraient pour laisser place à des réponses toutes simples. Et cet homme tendre, attentionné et drôle qui faisait le jeune premier dans ses souvenirs d'enfant, mourrait soudain pour laisser place à un père compliqué et réel, traînant derrière lui une vie qui tenait sur quelques feuillets.

Pourquoi ce père-là lui écrivait-il maintenant, après tant d'années de silence ? En avait-il après l'héritage ? On avait enterré sa mère quelques mois plus tôt. Avait-il besoin d'argent ? Frédéric se rendit compte que le père de la lettre serait forcément différent du père de l'arbre de Noël. Sa mère avait eu raison, les gens des souvenirs ne peuvent plus nous décevoir. Lui avait-elle dit cela car elle pressentait la venue de cette lettre ? Frédéric lui avait-il fait la promesse implicite de ne jamais laisser le père de son enfance le décevoir ? Mieux valait laisser les gens des souvenirs là où ils étaient. Son vrai père était mort le matin de Noël. Il ne devait pas mourir une deuxième fois.

Alors il n'ouvrit jamais l'enveloppe. Il la remit au service postal de l'université avec la mention : *Retour à l'expéditeur*. Du haut de ses vingt-deux ans, il se félicita de sa sagesse. Ce ne fut qu'une fois la lettre partie que les doutes commencèrent à hanter ses nuits.

27

— Et aujourd'hui, t'as toujours pas envie de savoir ? s'enquit Jamel.

Frédéric retourna dans son fauteuil et inspira profondément. Il cherchait ses mots.

— Disons que… je préfère laisser les choses comme elles sont. Enfouies. C'est pas tellement ce qu'il a fait qui m'inquiète : j'ai passé trente ans à préférer imaginer le pire que connaître la vérité. Ce qui me fait de plus en plus peur, à mesure que je vieillis, c'est de découvrir que finalement son crime n'était pas si grave et qu'au fond mon père était quelqu'un de bien. Comme tu dis, il y a des choses qu'on ne peut pas rattraper…

Il s'arrêta un instant, puis reprit :

— Il fabriquait des calendriers. Les gens aimaient ses calendriers avec des chatons et des chiots dans des pelotes de laine, mais ses préférés à lui étaient ceux avec des tableaux de maîtres. C'est lui, tu sais, qui m'a appris à apprécier l'art…

Frédéric s'arrêta. Il venait d'énoncer, sans le savoir, une vérité brute. Était-ce bien vrai ? Sa passion de l'art lui venait-elle vraiment de son père ? Il reprit cependant, comme si une autre partie de lui-même venait lui rappeler son amertume.

— Mais il y a de quoi tourner en bourrique à force de penser à ce qu'il a pu faire, parce que si c'était pas grave, ce qu'il a fait, pourquoi il serait revenu me chercher ? C'est que ça devait être grave, donc il vaut mieux l'ignorer. Etc. Allez, je t'emmerde avec mes histoires. Tiens, on se le fait, ce Monopoly ? Je te préviens : je gagne à chaque fois.

Ils jouèrent donc. La soirée fut alors beaucoup plus joyeuse. Ils parlèrent de foot, de filles, de films, de rêves et de souvenirs. Personne ne mentionna Fabrice Nile. Frédéric n'en revint pas : pour la première fois, il se faisait battre au Monopoly, mais il perdit avec grâce. Ces deux-là si différents, dans leurs pantalons ridicules, avaient l'air de vieux amis, ou de frères qui se seraient retrouvés après une longue absence. Frédéric se sentit plus serein qu'il ne l'avait été depuis des années. Ils allèrent se coucher un peu avant minuit. En se glissant dans le lit glacé, Frédéric repensa à ce que Jamel avait dit : « Une fois qu'on les connaît un peu, les gens ne ressemblent jamais à ce qu'on s'imagine d'eux. Toi, par exemple. Tu ressembles à Ken, tu sais, Barbie et Ken ? Et pourtant… » Il sourit à cette idée et s'endormit instantanément. Sa première nuit de sommeil depuis sa visite chez le notaire.

Pendant ce temps, John Witherspoon, en habit du soir dans une réception mondaine où dînait le Tout-Paris, buvait du dom-pérignon en compagnie du vieux Dentressengle de Dentressengle-Espiard & Smith, lui disant que Solis était un incapable. Qu'il attendait le lendemain pour que son interlocuteur se débarrasse de ce morveux et que, parole de Witherspoon, Solis *will never work in this town again*. Et si Dentressengle-

Espiard & Smith ne virait pas Frédéric, ce serait tout son *business* qui irait chez la concurrence. Tandis que le grand avocat faisait signe aux serveurs pour qu'ils apportent une autre flûte de champagne à ce cher M. Witherspoon, le milliardaire frottait sa fesse toute bleue sous son smoking noir en espionnant sa petite amie, laquelle flirtait avec un trader qui, lui, avait sûrement les fesses blanches.

28

— Eh oui, des ch-ch-ch-choux ! C'est de ça que le monde a besoin, des choux, ma Dorothée, pas des avocats !

Et hop, une autre gorgée de cocktail. Pétronille en avait bu déjà trois et était irréversiblement pompette. Elle balançait son verre à martini au rythme de phrases bien tassées. Dorothée savait qu'il serait sage de la ramener chez elle sans plus tarder, de déplier son canapé-lit dans le salon et de la laisser cuver. Mais elle s'amusait tellement des discours inspirés de sa sœur et il faisait si mauvais dehors qu'elle repoussait le moment de partir.

Certains avaient l'alcool gai, d'autres, l'alcool triste. Pétronille, elle, avait l'alcool altruiste. Depuis qu'elle était petite, elle voulait faire de grandes choses, être Mère Teresa, gagner beaucoup d'argent pour le donner aux pauvres, être architecte pour bâtir des maisons aux clochards, inspirer les foules, sensibiliser les grands à la souffrance des petits. Elle divertissait ses parents, ses frères et sa sœur pendant des dîners entiers avec ses grands projets qui allaient changer le monde. Elle pleurait en regardant des documentaires et écrivait des lettres au *Journal de Mickey*. Mais, à vingt-cinq ans, elle n'avait réussi qu'à être médiocre en droit des familles et experte en choux à la crème.

— J'ai vingt-cinq ans et j'ai raté ma vie, fit-elle, le nez sur le rebord de son verre.

— Ma chérie, la consola Dorothée, tu l'as à peine commencée, ta vie, comment peux-tu l'avoir ratée ?

— Non, non, tu comprends pas, je suis *précoce*. Genre enfant prodige, mais à l'envers. Dans ma biographie sur *Wikipedia*, on pourra lire : « Très jeune déjà, elle avait raté sa vie. »

— Si tu as une biographie sur *Wikipedia*, c'est que t'auras fait quelque chose.

— Ouais, des choux. J'aurais battu le record de la plus grande pièce montée du monde. La tour Eiffel en choux. C'est vrai, quoi, y en a qui la font en allumettes et en pinces à linge, je vois pas pourquoi je pourrais pas la faire en choux.

Elle commença à glousser et fit :

— La cathédrale de Chartres en choux.

Dorothée pouffa, ce qui encouragea sa sœur à continuer :

— Le Petit Trianon et ses jardins en choux.

Dorothée renchérit, en riant :

— Le Mont-Saint-Michel à marée basse en choux.

Pétronille éclata de rire et s'exclama, triomphante :

— Napoléon sur son cheval en choux !

Dorothée hurla de rire et c'était parti. C'étaient à nouveau les dîners de leur enfance, quand une idée un peu cocasse arrivait comme ça, à table, que chacun, les grands comme les petits, ajoutait son bout d'imagination et que le repas tournait au délire joyeux. C'était à ce moment-là qu'on se rappelait que Papa, qui était pourtant sévère, avait un talent comique sans pareil qui faisait tellement rire Maman qu'on aurait dit des jeunes amoureux. Et il y avait Jules et son humour pince-sans-rire, Ulysse, le pitre de la famille, qui ajoutait les grimaces, Dorothée, qui peinait à articuler, pliée en deux devant les pitreries de ses frères. Et Pétronille, la petite dernière, debout, sautillant à côté de sa chaise, émerveillant le reste de la table avec ses petites blagues d'enfant, et scintillante de fierté d'avoir fait rire ces grands qu'elle aimait tant.

Pétronille et Dorothée rejouaient dans ce bar un peu huppé ces souvenirs heureux du temps révolu où leur petite famille vivait sous un seul toit, tandis que les autres clients faisaient les gros yeux en entendant ces hurlements de rire.

— *La Liberté guidant le peuple* en choux !

Dorothée, qui n'en pouvait plus de rire, implorait sa sœur de s'arrêter, sous peine d'avoir un accouchement prématuré sur les bras.

— *Le Radeau de la Méduse* en choux…, fit Pétronille, affalée sur sa table. C'est plus dans mon état d'esprit du moment, tiens…

Dorothée reprit son souffle. Le moment était passé. Mieux valait partir maintenant, avant que Pétronille devienne mélancolique.

— Allez, Nini, on rentre. Nini ?

Pétronille regarda son verre puis, lentement, leva les yeux vers Dorothée. C'était comme si elle ne voyait pas sa sœur, mais quelque chose au-delà.

— Je viens d'avoir une révélation, déclara-t-elle, les yeux toujours dans le vide.

Dorothée dit :

— OK. Prends ton sac et ta révélation, je vais payer au bar et je te rejoins à l'entrée.

— Non, non, je suis sérieuse, Do. C'est vrai, ça,

que mes choux, ils peuvent faire une différence. Tu sais combien j'ai fait de choux aujourd'hui ?

— Je sais pas… deux douzaines ?

— Quatre-vingt-trois.

Dorothée s'étrangla.

— Quatre-vingt-trois ?

— C'étaient des choux thérapeutiques. N'empêche, qui c'est qui va les manger, maintenant ?

— J'adore tes choux, ma louloute, mais il faut que je fasse gaffe à mon diabète…

— Les gens à l'hôpital, déclara Pétronille.

— L'hôpital… me dis pas que tu vas retourner à Pontoise ?

— J'ai quatre-vingt-trois choux sur les bras et personne à qui les donner. Et y en a pour tout le monde, j'ai pistache, fraise, vanille, chocolat, café, et presque un kilo de nougatine. Qui c'est qui m'a dit que c'était Noël, qu'il y avait des gens qui étaient tout seuls et qui aimeraient bien qu'on leur donne des choux ?

— Oui, m'enfin, c'était pour que tu fasses ton job…

— Exactement ! Et c'est ça qui me gênait. Là, je vais faire un truc complètement désintéressé. C'est pas magnifique ?

— T'es sûre que c'est désintéressé ? dit Dorothée, suspicieuse. Y aurait pas des envies d'impressionner Frédéric Machin, là-dessous ?

— Je te promets que non, fit Pétronille, la main sur le cœur. Ah, je me sens bien, je me sens bien, je me sens bien, ma Do. Ça va être splendide. C'est ça, ma carte au trésor, tu comprends ? Et je vais ouvrir une petite boutique de choux qui sera très chic, un peu comme Ladurée, tu vois ? Et pour l'achat de chaque chou, il y aura un pourcentage qui ira à un hôpital.

On fera une association et le week-end et des fois le mercredi, il y aura des goûters pour les patients, ça sera un peu comme la soupe populaire, mais avec des choux, tu vois ? Et aussi…

Dorothée réussit à faire lever Pétronille, à lui faire enfiler son manteau et la pousser dehors tandis qu'elle débitait, à bout de souffle, ses ambitions de domination du monde avec sa pâte à choux. Même la neige qui tombait encore ne parvint pas à refroidir ses ardeurs philanthropiques. Ce ne fut qu'arrivée chez Dorothée, ses bottes enlevées, les draps et couvertures sortis, un bisou de sa sœur sur le front, que Pétronille s'affala enfin de tout son long sur le canapé déplié.

Le lendemain matin, Dorothée se réveilla assez tard, vers 9 h 30. Son mari, Romain, était déjà parti au bureau. Elle ne l'avait même pas entendu se lever. C'était un des avantages du congé maternité : personne n'en veut jamais aux femmes enceintes de rester au lit. Surtout pas Romain, qui redoublait d'attentions envers son épouse adorée depuis la seconde où il avait vu la croix bleue du test de grossesse. Dorothée tendit l'oreille vers le salon : pas un bruit, Pétronille n'était pas réveillée. Elle commença à planifier la journée. Si Pétronille se réveillait avant 10 h 30, elles iraient bruncher ensemble. Improbable, avec la gueule de bois qu'elle devait tenir. Il valait mieux qu'elle descende pour aller chercher les croissants. Elle se demanda si Pétronille se rappellerait son plan de domination du monde avec la pâte à choux. Elle était tellement pompette qu'elle ne se souviendrait probablement de rien. En tous les cas, se dit-elle en enfilant sa robe de chambre et en se dirigeant vers le salon, elles avaient passé une bonne soirée.

Quand Dorothée arriva dans le salon, elle eut un choc. Pétronille avait disparu. Sur le canapé, à côté des draps repliés, il y avait un petit mot :

Partie sauver le monde avec mes choux !
Bizoooooos, ma sœurette adorée.

29

Frédéric raccrocha son téléphone fixe avec soin. Il scruta son grand appartement. Le jour avait décliné, mais il avait passé tellement de temps au téléphone qu'il ne s'en était pas rendu compte. Dans la pénombre de cette fin d'après-midi, ses yeux s'arrêtèrent sur le Sisley en sursis. Il prit sa tête dans ses mains et essaya de réfléchir. Mais l'angoisse dominait. Dentressengle-Espiard & Smith l'avait viré.

Le vent avait tourné. Tout allait plutôt bien, avant. Il avait des dettes, certes, mais il avait toujours vécu au-dessus de ses moyens et la chance et l'argent étaient toujours venus. Là, rien ne venait plus. Et sa réputation était en ruine. Frédéric suspectait la jalousie compulsive de John : sa petite amie ne lui avait-elle pas fait les yeux doux à Bagatelle ? Mais qu'importait la raison. Il ne possédait plus la carte de visite embossée de Dentressengle-Espiard & Smith. Les deux cercles dans lesquels il avait puisé tous ses gros clients ces sept dernières années étaient la haute finance, grâce à John et le showbiz, grâce à Dany. Tous deux lui étaient à présent fermés. Comment se faisait-il qu'on se soit arraché ses services il y avait quelques semaines encore et qu'aujourd'hui, on l'ait viré, comme un vulgaire fils de vendeur de calendriers ?

Ce qu'il fallait voir en face était que son dernier salaire serait tout juste suffisant pour régler les dettes les plus pressantes mais qu'il devait toujours trouver trente mille euros avant Noël pour sauver son Sisley des mains des huissiers. Et après, comment vivrait-il ? Le fragile optimisme de la veille avait disparu. À la place, une panique sourde clouait Frédéric à son bureau. Le sang battait dans ses tempes pendant qu'il imaginait des scénarios noirs. Il était Frédéric Solis, avocat brillant et collectionneur d'art. Si on lui enlevait ces attributs-là, que restait-il de lui ? Qui était-il ?

Il repensa à ce que Jamel lui avait dit la veille : on ne tombe pas au plus bas. On reste sur place, c'est la vie qui part sans nous. Oui, tout foutait le camp. Et Frédéric réalisa autre chose : sa bonne étoile l'avait laissé tomber le jour où Fabrice Nile était entré dans sa vie.

Que lui voulait cet homme qui le torturait d'outre-tombe ? Frédéric ne croyait pas aux histoires de fantômes, et pourtant… Est-ce que toute cette malchance qui s'accumulait sur lui faisait partie d'un plan ? La tempête de neige catastrophique qui avait immobilisé toute la région parisienne était-elle aussi le fait de l'esprit insatisfait de ce clochard mélancolique ? Pouvait-il être un ange maléfique ou… le diable lui-même ?

30

Ses quatre-vingt-trois choux répartis dans quatre énormes tupperwares, Pétronille s'arrêta dans le hall de l'hôpital. Elle avait mal à la tête, la langue chargée et une nausée terrible. Bref, une gueule de bois carabinée. Mais ce n'était pas tellement l'inconfort physique qui la clouait dans ce hall. Plutôt la conviction que ce matin, quand elle était partie de chez Dorothée, passée chez elle récupérer ses choux et avait pris le train pour Pontoise, elle devait être encore complètement pompette. Car à présent elle était sobre, très sobre, et l'excuse de l'ivresse était la seule explication à cette croisade absurde.

Elle s'assit sur un siège près d'une fontaine à eau et chercha un comprimé dans son sac. Après l'avoir avalé, elle se dit que manger quelque chose calmerait sûrement sa nausée. Mais qu'y avait-il à manger ici ? Elle repensa à la cantine du troisième étage. Elle repensa à tout son projet. C'était ridicule. Ils la prendraient pour une folle et la jetteraient dehors. Le père de Frédéric – oh, mon Dieu, c'est vrai, le pauvre homme est le père de mon ex-patron ! – aurait sûrement exigé des infirmiers qu'ils améliorent la sécurité de sa chambre depuis qu'une étrangère avait voulu l'empoisonner avec des choux à la pistache. Il fallait rentrer à la maison. Se mettre au lit. Puis rédiger son C.V., l'envoyer aux cabinets d'avocats parisiens avec la lettre de recommandation de Frédéric et oublier cette histoire de fous. Cette histoire de choux. Avant de partir, elle ouvrit une des boîtes en plastique et mangea un des choux au café. Ah, que ça faisait du bien ! Il était divin – ils l'étaient toujours, mais c'était de la gloire perdue, non ? Allez, un deuxième, et hop, à la gare ! Elle avait encore la bouche pleine de cette douceur à la crème quand une voix d'homme la fit sursauter :

— Des choux à la crème ? Milady, dites-moi que vous en avez pour le reste de l'équipage !

Pétronille leva les yeux et vit d'abord des bottes en cuir, puis un grand ceinturon dans lequel était coincé un vieux tromblon, une veste rouge aux boutons dorés et ensuite, très loin au-dessus d'elle, une grande tête noire barbue surplombée par un chapeau de pirate. Pétronille se dit un instant qu'elle devait sûrement encore être saoule.

Elle entendit aussi des petits rires. Plusieurs enfants se cachaient derrière le géant, avec des petits chapeaux de pirate, des étuis à sabre sanglés par-dessus leur pyjama. Pétronille recouvra ses esprits : l'atelier Pirate.

— Serfez-fous, fit-elle la bouche pleine.

— Z'avez quoi comme parfums ? fit l'un des petits.

— Z'avez à la fraise ? renchérit un autre.

— Fraise, vanille, pistache et… cho-co-lat, fit Pétronille.

Ils écarquillèrent de grands yeux émerveillés lorsque Pétronille ouvrit toutes les boîtes.

— Vous allez tous les manger, madame ? fit un autre.

Pétronille sourit et fit :

— Non, ils sont pour des amis. Mais ils sont pour vous aussi.

— Moussaillons, vous vous souvenez de la loi des corsaires ?

— *Partager le butin !* crièrent les petits en chœur.

Le grand pirate tendit sa longue main à Pétronille.

— Bertrand Ahmed. On m'appelle Capitaine. Puis-je embarquer quelques-unes de vos pâtisseries pour mes matelots ? Votre prix sera le mien.

Pétronille lui tendit une boîte de vingt choux à la fraise.

— Avec les compliments de l'infante d'Espagne.

Le Capitaine sourit, s'inclina et ils s'en allèrent, une petite fille se retournant pour la saluer, son tricorne tombant sur son front.

Pétronille se retrouva seule avec une soixantaine de choux. Elle avait été charmée par ce Capitaine – et si un adulte pouvait se prendre pour un pirate pour mettre du baume au cœur des petits de l'hôpital, alors elle pouvait distribuer ses choux. Trois minutes plus tard, elle cognait à la porte d'Ernest Villiers.

— Entrez !

Pétronille poussa la porte, le cœur battant. Elle reconnut l'homme qu'elle avait vu trois jours plus tôt mais, le voyant animé et souriant, cette fois-ci elle remarqua en lui un peu de Frédéric.

— Alors c'est vous, la demoiselle aux choux ? dit Ernest de sa voix essoufflée.

Son sourire était calme, apaisant, même. Mais il avait le regard brillant et demeurait tout à fait immobile.

— Pétronille, fit-elle en avançant, la main tendue.

— Ernest, répondit-il.

Et elle serra une main qui, sous la peau fragile et douce, avait encore du mordant.

— Je me disais bien que celle qui avait fait ces choux délicieux devait être aussi jolie que ses pâtisseries. Je ne me suis pas trompé.

— J'en ai au café, à la vanille et au chocolat aujourd'hui, fit Pétronille, qui rougissait.

— Et qu'est-ce qui vous a donné l'idée de gâter un vieux fou comme moi ? Je ne suis pas sûr de mériter toutes ces douceurs.

— Je ne suis pas sûre que vous les méritiez, mais je ne suis pas sûre que vous ne les méritiez pas non plus. Acceptez mes choux comme le bénéfice du doute.

Ernest sourit et Pétronille sut qu'elle avait marqué un point. Elle se sentit en confiance à partir de ce moment-là, et la conversation devint plus aisée. Elle expliqua à Ernest qu'elle était apprentie pâtissière, qu'elle espérait ouvrir une boutique et qu'en attendant, elle avait toujours des choux en trop ; qu'elle vivait seule, que plus personne dans sa famille ne pouvait encore avaler un chou. Alors elle avait eu l'idée géniale d'élargir sa base de clients potentiels à des victimes sans défense contre ses choux.

Pétronille était certaine que cet étranger appréciait sa compagnie, ce qui la rendait bizarrement heureuse. Ernest enchaîna sur la météo, la vie à l'hôpital, particulièrement la cuisine, qui était immangeable, et le trafic *underground* de Pépitos et de saucisson que les patients se passaient sous le nez des médecins. Bientôt, ses choux arriveraient sur le marché noir de l'établissement et on se les arracherait. Le leader du trafic de Pépitos était Gilles, il faudrait qu'elle aille le trouver.

— Gilles fait partie du groupe des irréductibles, ceux qui ne retournent pas dans leur famille le week-end. J'en suis aussi l'un des membres. Un autre patient nous a baptisé les Refusés. Mais ne vous fiez pas aux apparences, c'est une joyeuse bande. On se remonte le moral quand… Enfin… Et puis à présent, personne n'aura plus le blues, grâce à vos choux.

— Votre famille…, tenta Pétronille.

— Ma famille, elle est ici, l'interrompit Ernest. Ma chère Pétronille, nous nous connaissons à peine et je vous remercie pour votre gentillesse désintéressée. Votre générosité vient d'un cœur pur. Moi, vous savez, dans ma vie… j'ai dû faire des choix terribles. Terribles.

« Des choix terribles » prit dans la tête de Pétronille la même ampleur que des ronds dans l'eau. Ernest semblait plongé dans un monde extérieur à l'hôpital, un passé qu'il ne pouvait plus réparer, saisi de regrets infinis. Elle retint sa respiration, se préparant aux confidences. Mais, contre toute attente, Ernest se borna à sourire tendrement.

— Reviendrez-vous me voir, Pétronille ?

Ernest lui demandait de partir avec une élégance infinie.

— Je reviendrai, Ernest. Quel est votre parfum préféré ?

— Celui qui est offert sans condition.

— Bien, sourit Pétronille. Voilà vanille. Croquez-les, et vous verrez les îles. Je vous en rapporterai d'autres la prochaine fois.

— Ne vous sentez pas obligée, mademoiselle. Vous m'avez déjà gâté…

— Ah, cher Ernest, un chou est un chou. Je reviendrai.

Elle serra sa main frêle et froide de ses deux mains chaudes et s'enfuit dans le couloir.

Les portes de l'ascenseur se refermèrent sur elle. Ce qu'elle venait de vivre l'avait tellement perturbée qu'elle n'avait même pas vu Maurice la saluer depuis la cantine.

31

Maurice buvait un café dans la cantine en compagnie de Gilles, un autre patient de soixante ans son cadet, qui sirotait un Coca. Gilles avait un tatouage au bras : TRUTH en lettres gothiques et un bonnet de laine cousu d'une tête de mort.

— Je sais pas comment tu peux garder ce bonnet avec une chaleur pareille, dit Maurice. Ils ont encore monté le chauffage, c'est pas possible.

— Mm, fit Gilles. C'est qui, la fille à qui t'as fait bonjour ?

— Je sais pas trop. Elle est venue me voir il y a quelques jours, elle voulait savoir des trucs sur Fabrice. Une amie de la famille, je crois bien.

— Sur Fabrice ? déclara Gilles, qui s'arrêta de boire, soudain suspicieux. Et tu lui as dit quoi ?

— Qu'est-ce que tu veux que je lui dise ? rétorqua Maurice. Je lui ai parlé un peu de lui, de nous un peu aussi, je lui ai parlé de l'atelier, et puis c'est tout. Elle était pressée.

— Et là, tout de suite, elle faisait quoi ? dit Gilles, qui fixait Maurice.

— Je crois bien qu'elle est allée voir Ernest.

Le vieil homme et le garçon se regardèrent. Maurice commençait à comprendre.

— Ouais, t'as raison, fit Maurice. C'est bizarre.

— On ferait mieux d'en parler au chef, fit Gilles en se levant. Il aida Maurice à mettre ses pattes droit dans ses charentaises, à caler sa béquille et lentement, bras dessus, bras dessous, ils disparurent dans le couloir du troisième étage.

32

Pétronille remontait la rue de la Verrerie au cœur du Marais. Elle avait fait quelques emplettes au Bazar de l'Hôtel de Ville ; alors que la foule s'y précipitait pour les cadeaux de Noël, Pétronille venait de dépenser une petite fortune dans son immense département d'ustensiles culinaires. Une petite voix lui souffla bien de vivre frugalement tout en cherchant du travail, mais elle la fit taire en argumentant que, même si elle ne travaillait plus pour Frédéric, elle était encore rémunérée. Elle avait trouvé des paillettes roses en sucre pour la décoration de ses choux et avait ignoré la petite voix. À présent, elle flânait devant les petites boutiques de fleurs, de chocolat et de vêtements vintage dans le quartier gay de la ville, qui était l'un de ses préférés. Son téléphone sonna. C'était Dorothée.

— Hello, Dolly !

— T'es dehors ? Achète *Libé*, et regarde à l'avant-dernière page, fit Dorothée.

— Qu'est-ce qu'il y a ?

— Ne gâche pas la surprise. Achète le papelard et rappelle-moi après.

Pétronille se dirigea vers un kiosque et acheta

Libération. Alors que le vendeur lui rendait sa monnaie, Pétronille ouvrit le journal à la page indiquée, fit *han !* et mit sa main devant sa bouche. Le vendeur lui demanda si ça allait, elle le rassura et se précipita vers une terrasse de café où un gros bras tatoué à la voix fluette vint prendre sa commande. Elle choisit un *caffè-latte* et un croissant et se mit à lire l'article de bout en bout. Sur la grande photo qui faisait la demi-page, à moitié nue et magnifique, posait Marcia Gärtener. Enceinte.

— Tu crois que c'est lui le père ? demanda Dorothée.

— Je dirais que oui. Au niveau des dates, ça collerait.

— Tu es sûre qu'ils sont plus ensemble ?

— Enfin, t'as vu l'appart ? s'écria Pétronille. Il a même fait tomber un mur afin d'avoir plus de recul pour admirer ses tableaux. Une chambre en moins, c'est pas comme ça qu'on prépare un appartement pour un marmot.

— Touché. Si ça se trouve, il le sait même pas.

— Il sait pas qu'il a un père à l'hosto, il sait pas que son ex a un polichinelle dans le tiroir, ça fait beaucoup de choses qu'il sait pas, ce garçon. Enfin, maintenant que la France et les DOM-TOM le savent, j'imagine qu'il est au courant. Écoute, tant pis pour lui…

Elles continuèrent à bavarder pendant que Pétronille feuilletait distraitement le reste du journal. Dorothée y allait de son couplet sur les difficultés rencontrées par les mères célibataires, et Pétronille, qui n'écoutait que d'une oreille, déchira un bout du journal où était inscrit en gros caractères le mot SOLIDARITÉ : elle le collerait sur sa carte au trésor, qui était presque finie. Puis elle raccrocha, but son *caffè-latte* et laissa sa monnaie. Elle était sur le point d'abandonner le journal sur la chaise pour qu'un autre client en profite quand une pensée l'assaillit : si le père du bébé était Frédéric, cela voulait dire que son grand-père était Ernest.

33

Bien sûr qu'il le savait. Il le savait depuis cette dernière soirée passée ensemble. Cette soirée où ils n'avaient plus rien à dire, qu'à faire l'amour une dernière fois. Cinq ans de leur vie, ils s'étaient aimés, mais Marcia voulait la seule chose que Frédéric ne voulait pas lui donner : un enfant. Il aurait tout fait pour elle, pourtant. La couvrir d'or et de tableaux de maîtres, se cadenasser aux ponts de Paris ou lui décrocher la lune. Mais il ne pouvait pas rompre la promesse qu'il avait faite à cet enfant de sept ans encore tapi dans un petit coin de lui-même. Celle de ne jamais être père. Marcia, elle avait tout, déjà, la gloire, l'argent, le prestige, les soirées chez Castel. La seule chose qu'elle voulait, c'était un enfant.

Il ne l'avait pas revue depuis. Mais il savait. Même sans les rumeurs, les gaffes des amis, les photos de paparazzis, il aurait su quand même. Il n'était cependant jamais revenu sur sa décision et elle, elle n'était pas revenue tout court. Finalement, tous deux avaient été fidèles à ce qu'ils voulaient. Elle, son enfant à tout prix, et lui, sa liberté à tout prix.

Mais à présent il la voyait sur la photo et ses certitudes vacillaient. Elle était si belle, comme sur toutes les photos. Sauf que, cette fois, il y avait un bout de lui dans sa beauté. Un bout de lui dans le ventre de la femme qu'il aimait.

Frédéric se reprit immédiatement. Il repensa à ce qui lui arrivait à présent, ses graves problèmes d'argent, son Sisley en sursis, l'ombre de Fabrice Nile. Au moins, personne n'en souffrait à part lui. Il avait pris la bonne décision.

Il était dans le train qui l'emmenait à Giverny. Le ticket donnait accès au jardin à 8 h 30 et, Giverny étant à plus d'une heure de Paris, il avait réservé une chambre dans un petit hôtel à deux pas de la maison de Monet. Jamel lui avait dit qu'il le rejoindrait directement devant la grille du jardin.

On arriverait bientôt. Frédéric passa ses doigts sur le ventre de Marcia et le déposa sur un siège plus loin.

34

D'autres mains caressèrent le ventre en noir et blanc sur le papier journal. Puis des ciseaux vinrent entourer la photo de Marcia Gärtener, qui tomba sur les pages d'un album photos. Ici, le faire-part de naissance de Frédéric. Une carte de la fête des Pères décorée de lentilles, ou du moins ce qu'il en restait, un dessin de tigre et une petite écriture d'enfant « Bonne fête, Papa », la photo d'un petit garçon auquel il manquait les dents de devant, un article jauni d'un journal local « Un étudiant rouennais obtient une place à la Harvard Law School » et un jeune Frédéric qui montrait au photographe sa lettre d'admission à la grande université américaine, tout un tas d'articles imprimés sur Me Frédéric Solis, des photos de *Voici* avec Marcia, et un article tout récent sur l'acquisition par Frédéric d'une toile d'Alfred Sisley.

Puis, à la fin, la page d'un calendrier de décembre 1979.

Ernest referma l'album. Tout était calme dans sa chambre, le jour tombait. Il souriait. Étaient-ce les regrets qui n'ont plus d'importance, ce bonheur minuscule sur un bout de journal, ou ces choux à la vanille parfumés d'espérance ? Il souriait, c'était ça qui comptait. Puis une petite larme, la dernière peut-être, coula sur ses joues creuses, se posa sur sa main, et enfin disparut dans les draps.

[illegible]

[illegible] sa femme [illegible]

[illegible] pas de femme [illegible]

[illegible]

35

Jamel se tenait devant un bel immeuble du dix-septième arrondissement, qui donnait sur le parc Monceau. Il vérifia l'adresse griffonnée sur le *Libé* de la veille, inspira longuement et appuya sur la sonnette où était écrit « Gärtener ».

Il attendit. Il savait que Marcia, depuis son appartement, pouvait le voir sur son vidéophone. Pour l'occasion, il avait mis les habits qu'il ne portait plus : un caban bleu marine Ralph Lauren, une écharpe en alpaga beige et une paire de jeans tout neufs. Enfin, une voix de femme répondit, avec un léger accent allemand.

— Bonjour, madame, je suis un ami de Frédéric et…

— Frédéric ne vit pas ici.

— Oui, je sais, il habite quai d'Anjou. Mais j'ai besoin de vous parler.

— À quel sujet ? Je n'ai plus de relations avec Frédéric.

— C'est à propos de sa famille.

— Il n'a pas de famille, trancha Marcia.

— Écoutez, je comprends tout à fait que vous ne vouliez pas faire monter un étranger chez vous. Je vous propose de prendre un café ou de faire une balade dans le parc, comme vous préférez. Ça ne prendra pas plus de dix minutes. C'est vraiment important. S'il vous plaît !

Il y eut une pause. Les mains de Jamel pressaient son journal si fort qu'elles étaient blanches. Enfin Marcia dit :

— Un instant, je descends.

Jamel resta sur le trottoir glacé. Il piétinait. Il était nerveux. Cette nouvelle était tout à fait imprévue mais après tout assez miraculeuse. À présent, il fallait la jouer fine.

Enfin Marcia descendit et Jamel ne put s'empêcher de la dévisager. Elle ne portait pas de maquillage, et elle était tellement belle. Son ventre était si gros que le petit dedans, Jamel en était sûr, devait être bien. Ils se serrèrent la main et elle proposa de marcher dans le parc.

— Le bébé doit arriver quand ? demanda Jamel.

— Le 6 janvier.

— Ah ! Le jour des Rois…

Ils marchèrent côte à côte pendant un petit moment sans parler parce que Jamel ne savait plus du tout comment aborder l'affaire. Il remarqua soudain que des badauds les regardaient. Il sourit. Qu'ils devaient être beaux, tous les deux, dans ce parc où le soleil d'hiver faisait scintiller la glace dans les arbres, les parterres argentés et le rire des enfants emmitouflés. Lui dans ses habits du dimanche et elle, avec sa simple grâce de madone blonde. Qu'est-ce que qu'ils devaient penser, les passants, en voyant ces deux-là et ce petit entre eux ? Faites place, bonnes gens, c'est le bonheur qui passe. Et Jamel qui, lui, n'attendait que ça dans sa vie, une demoiselle qui lui tiendrait la main dans un jardin d'hiver, se dit que Frédéric était bien couillon, tiens.

Jamel trouva enfin le courage de dire ce qu'il avait à dire à Marcia. Elle, elle écouta. Elle écouta attentivement, les yeux rivés sur les traces de pas imprimées dans la neige sale. Elle huma l'air frais et posa quelques questions. Elle sourit, aussi. Parfois, Jamel lisait sur son visage que la lumière caressait les reflets de ses regrets, de sa détermination, des ravages encore frais d'un amour brisé. Mais jamais elle ne se livra. Elle écouta encore ce que Jamel lui confiait, et dit dans un sourire :

— Je vais y penser.

Puis elle lui serra la main. Jamel la regarda partir, silhouette noire et blonde sur un chemin enneigé, ses pas gracieux laissant leurs empreintes en héritage, comme sur une toile d'Alfred Sisley.

[illegible]

[illegible]

[illegible] les [illegible] de [illegible]. Il y avait [illegible] [illegible] toutes les fenêtres [illegible] dans son jardin. Vous savez [illegible] ? Il est très populaire à présent.

36

— Connaissez-vous le peintre Claude Monet, Pétronille ?

Pétronille était assise sur une chaise à côté du lit d'Ernest. Elle mangeait les choux au chocolat qu'Ernest n'avait pas touchés. Elle fit « mm mm », en se léchant les doigts. Elle se garda bien d'ajouter qu'elle en connaissait même un rayon sur l'artiste, pour avoir feuilleté les dizaines de livres et catalogues d'expositions de la bibliothèque de Frédéric.

— Dans ma jeunesse, je travaillais pour une enseigne de papeterie, mais mon rayon, c'était les calendriers, continua-t-il de sa voix fatiguée qui sifflait parfois. J'aimais mon travail, parce que vous savez, quand on vend des calendriers, on vend finalement les belles images, pas le temps qui passe. Et nous avions des calendriers avec les grands chefs-d'œuvre de l'histoire de l'art. Mais mon préféré, c'était celui avec les toiles de Claude Monet. J'aimais surtout les mois de printemps, il y avait *Les Nymphéas, Le Pont japonais*, *L'Allée des rosiers*, *Le Saule pleureur*, toutes les peintures qu'il avait faites dans son jardin. Vous savez, le jardin de Monet, à Giverny ? Il est très populaire à présent…

Pétronille hocha la tête. Quelle coïncidence qu'Ernest en parle maintenant, se dit-elle, alors que… La boîte de Frédéric ! Elle s'en souvenait bien, le ticket d'entrée pour les jardins de Giverny, sous la lettre du notaire avec la succession de Fabrice Nile. Elle se rappelait même que le ticket était daté du 22 décembre. Aujourd'hui ! Elle essaya de rassembler les éléments dans sa tête mais rien ne collait. Pourtant, cela ne pouvait être seulement des coïncidences…

— Il avait passé ses jeunes années dans la misère, à ne pas manger à sa faim et à vendre ses toiles pour quelques sous. Mais il continua à peindre, sans jamais compromettre ni sa main ni son regard, malgré les insultes des critiques d'art et du public. Puis, petit à petit, ses toiles se vendirent mieux, quelques marchands devinrent des clients réguliers et il put acheter cette maison en Normandie et embellir son jardin. Il y passa quarante trois ans de sa vie.

» Oh, je ne suis pas un expert, bien sûr, mais voyez, Pétronille, les tableaux qu'il a composés dans son jardin sont, il me semble, ses plus personnels. Dès qu'il s'est mis à gagner de l'argent, il aurait pu voyager, suivre Gauguin, par exemple. Mais finalement, plutôt qu'au bout du monde, il est allé au bout de son jardin. Il y a trouvé sa vérité, je pense. Toutes ces couleurs splendides, cette lumière qui se réinventait à chaque instant et cette poésie de l'éphémère. Il avait trouvé des trésors sur son bout de terre. Il a peint son jardin à s'en rendre aveugle, mais finalement, quand on y pense, il a ouvert les yeux du monde.

Pétronille se dit qu'Ernest causait drôlement bien pour un fabricant de calendriers. Il continua à parler du jardin de Monet, s'arrêtant seulement pour reprendre son souffle, et c'était comme si Pétronille avait les toiles sous les yeux. Puis il se tut. Pétronille se demanda s'il était temps de partir, ou si des confidences allaient suivre. Ernest n'avait pas encore parlé de son fils. Et cette phrase de la veille résonnait toujours dans son esprit : « J'ai fait des choix terribles. »

Enfin, Ernest voulut reprendre son soliloque, mais il fut pris d'une mauvaise toux. Pétronille le calma comme elle put et proposa de le laisser se reposer. Mais il fit :

— Non, restez encore un peu, s'il vous plaît. Vous savez, je vous ai dit que j'avais fait des choix terribles… Tout a commencé dans le jardin de Monet, à Giverny. Parfois, je me dis que si je n'y étais pas allé, j'aurais évité bien des souffrances… Giverny. Je m'en souviens si bien. C'était en décembre 1979.

37

Frédéric arriva devant la grille du jardin de Giverny à 8 h 28. Le soleil venait de se lever et la pénombre commençait à s'estomper. Jamel n'était pas arrivé. Il remarqua sur la grille une plaque qui indiquait les horaires d'ouverture du jardin : *9 h 30 – 18 heures du 1er avril au 1er novembre seulement*. Était-ce une erreur ? Il regarda à nouveau son ticket : il était bien marqué *8 h 30, 22 décembre*. À ce moment-là, une jeune femme passa la tête par la grille entrouverte.

— Monsieur Solis ? Bienvenue dans la maison de Claude Monet.

— Ah, vous êtes ouverts ? bafouilla Frédéric. Y a-t-il… enfin… Quelqu'un a pris un ticket pour moi, et je ne sais pas très bien ce qui m'attend.

— Cette personne vous a fait un beau cadeau, sourit la jeune femme. Votre ticket est un pass VIP qui donne le droit à quelques heureux élus de flâner dans le jardin en toute tranquillité, hors saison. Ces allées accueillent un demi-million de visiteurs par an, et cette popularité porte parfois atteinte à… la quiétude du lieu. Ce matin, vous êtes notre invité.

— Serai-je réellement seul ?

— Il y a le personnel, bien sûr. Voulez-vous que je vérifie si d'autres invités sont prévus aujourd'hui ?

Frédéric répondit par l'affirmative. À ce moment, son téléphone portable émit un *bip bip* : c'était un texto de Jamel. Il s'excusait, mais il ne pourrait pas venir ce matin. Il lui demandait de l'appeler après sa visite.

La jeune femme conduisit Frédéric à la maison aux volets verts. Il fit quelques pas, puis s'arrêta pour que ses yeux puissent s'imprégner du paysage autour de lui. Il était dans le jardin de Monet, et il était enchanté. Il avait tellement pensé à Fabrice Nile et au ticket qu'il n'avait pas prévu d'être émerveillé par ce jardin légendaire. Les arbres nus, les parterres encore blancs, la déclinaison incroyable de couleurs muettes, soudain, tout lui disait une poésie qu'il avait recherchée dans les salles de vente et les catalogues des galeries alors qu'il avait tout ici. Pourquoi n'était-il jamais venu ? Le soleil pâle se levait sur le silence du parc. Pas une âme. Le jardin hibernait, et tout était sublime. Parti, le souvenir des couleurs des fleurs et des chants des oiseaux, parties, l'opulence d'un printemps ou la sérénité d'un été. Restaient la perfection de ces lignes au cœur battant, la majesté des arbres nus, l'imagination généreuse d'un jardinier amoureux, un jardin touché par la grâce dans sa forme la plus épurée. Et l'hiver, beau comme un fantôme.

Frédéric se laissa tomber sur un des bancs verts et tenta de tatouer sur son cœur cet instant de découverte à jamais disparu, déjà passé, l'émerveillement vierge. Combien de temps resta-t-il sur son banc ?

Enfin, la jeune femme le rejoignit.

— J'ai vérifié, il y a un autre invité ce matin ici. Juste un seul, et le personnel.

Un frisson se posa sur la peau de Frédéric. Était-ce son rendez-vous ?

La jeune femme ajouta :

— Et, j'allais oublier, on a laissé une enveloppe pour vous.

Frédéric prit l'enveloppe où, d'une écriture penchée, la même que celle des poèmes, était indiqué :

M. Frédéric Villiers-Solis

Il frissonna de nouveau. Sa mère avait changé son nom avant son huitième anniversaire. Personne ne l'avait appelé Villiers depuis plus de trente ans.

38

— Oui, en 1979, le 7 décembre exactement, continua Ernest. La toute nouvelle fondation Monet s'était installée dans la maison du peintre à Giverny et j'y suis allé pour négocier la reproduction dans le calendrier 1981 de quelques-unes de ses œuvres. Je me revois encore, attendant devant la grille verte. Il faisait un vent glacial et je me souviens d'avoir regretté de ne pas avoir de gants. C'était un hiver si rude… Un peu comme celui-ci.

Et Ernest regarda par la fenêtre, comme s'il revoyait le ciel au-dessus de Giverny cet hiver-là.

— Une jeune femme ouvrit la grille, m'annonça que la dame avec qui j'avais rendez-vous avait du retard à cause de la neige mais me pria d'attendre à l'intérieur de la maison. Malgré le froid, je lui demandai si je ne pouvais pas rester dans le jardin. J'avais hâte de le découvrir, étant un admirateur de toutes les toiles que le grand homme avait produites ici. Le public, à l'époque, n'était pas autorisé à le visiter. La jeune femme parut gênée un instant, mais accepta. J'entrai alors dans la propriété et fit mes premiers pas dans le jardin de Claude Monet.

» Ce que je découvris me causa un choc.

» Je vis devant moi la désolation la plus cruelle. Le jardin n'était pas seulement abandonné, il était ravagé. Les ronces étouffaient les bosquets, les mauvaises herbes couvraient les allées, des branches pourries gisaient au pied des arbres morts. Les serres n'avaient plus de vitres, de la mousse recouvrait les débris de verre et les ordures, de la rouille souillait les treillis. À mesure que j'avançais dans les allées à l'abandon, je découvrais l'étendue terrible des dégâts. Rien n'avait survécu. Ce ne fut toutefois qu'en arrivant devant le Pont japonais que mon cœur se serra vraiment : il était bien là, le petit pont du grand chef-d'œuvre, triste vestige d'étés perdus, vidé de ses couleurs, trempant telle une charogne dans une eau noirâtre où flottaient une chaussure sans lacet et un poisson mort.

» J'errai comme une âme en peine dans ce cimetière végétal. Je revoyais tous les printemps de mes calendriers, les iris et les nymphéas, les roses et les glycines, mais ce jardin, lui, ne voyait que le temps qui avait passé. La destruction était si totale et le paysage si décharné qu'on aurait dit que le temps s'était vengé : pour qui se prenait cet homme, ce Monet, qui avait voulu rendre ce jardin éternel ? Voilà ce qu'on infligeait aux jardiniers qui se prenaient pour des artistes.

» Je me hâtai vers la maison, maudissant ma situation financière – combien j'aurais voulu acheter ce bout de terre pour lui rendre la poésie que le temps lui avait dérobée. Mais qu'y pouvais-je, moi, fabricant de calendriers ? C'est alors que je vis, les genoux dans la neige sale, un homme qui grattait la terre. Je remarquai qu'autour de lui, dans un périmètre de deux mètres ou trois, les parterres étaient redevenus propres. Un petit arbuste respirait, libre de ronces, le pied dans de la terre toute fraîche. L'homme se retourna. Il me vit. Il m'observa quelques secondes. Son visage brillait de sueur, il avait des yeux gris sous de larges sourcils bruns, la mâchoire en avant et des oreilles légèrement décollées rougies par le froid. Sa coupe de cheveux courte et impeccable et ses joues rasées de près semblaient être passées de mode depuis vingt ans, alors qu'il devait en avoir trente, tout au plus. Pourtant, n'importe quelle femme aurait dit que c'était un bel homme. Il me sourit, et son sourire m'apparut soudain familier – nous connaissions-nous ? Mais, avant que je puisse me souvenir si j'avais dans mes relations un jardinier, il se retourna sans un mot et se remit au travail.

» La dame que je devais rencontrer était arrivée. Nous nous mîmes d'accord rapidement, le rendez-vous fut un succès. Je me permis alors de parler du jardin. Elle partagea ma frustration et ma peine, mais me confia qu'elle était optimiste : la Fondation avait rassemblé les fonds de mécènes américains et les travaux allaient bientôt commencer pour tenter de rendre au jardin son lustre disparu. Ce serait un projet de longue haleine ; heureusement, Claude Monet avait assez d'admirateurs pour que le jardin puisse renaître après plus d'un demi-siècle d'abandon.

» "D'ailleurs, continua-t-elle, nous avons ici un admirateur, que dis-je, un *amoureux* du jardin. Un Américain, l'un des premiers à avoir fait une donation, avant même que la Fondation existe. Ce monsieur s'est même formé à l'horticulture pendant deux ans pour pouvoir participer aux travaux. Vous l'avez peut-être vu, il débroussaille du côté du Pont japonais. Depuis cet été, qu'il pleuve, qu'il vente, qu'il neige, il est à son poste deux heures par jour. Les gens de Giverny le prennent un peu pour un fou, mais je vais vous dire, monsieur, si un jour le public peut venir visiter le jardin tel que Monet l'a peint, ce sera grâce aux excentriques comme ce gentleman."

» Je lui demandai la permission de rester dans le jardin encore un peu, et elle me l'accorda.

Ernest s'arrêta et regarda ses mains. Sans les quitter des yeux, il murmura :

— Depuis plus de trente ans, je me demande chaque soir ce qu'aurait été ma vie si je n'étais pas retourné dans le jardin.

39

Frédéric attendit un petit moment avant d'ouvrir l'enveloppe. Il regarda autour de lui. Il était seul. Il ouvrit le pli avec prudence et en sortit un document. C'était un plan du musée d'Orsay, celui qu'on donnait aux touristes. En le dépliant il vit, inscrit au marqueur rouge, une croix sur la salle 29 du niveau 5, un numéro (RF 1984 64) et un rendez-vous : 14 heures.

La croix rouge se trouvait à l'étage des impressionnistes. Le contraire l'aurait étonné.

Mais s'il avait eu le privilège d'une visite privée à Giverny, il n'en serait pas de même pour Orsay. Il y serait la veille de Noël à une heure de grande affluence : le musée serait plein à craquer.

Il regarda au verso de la feuille et y trouva la même écriture rouge. Mais plutôt qu'une calligraphie appliquée, comme sur les tickets, traînaient des mots écrits à la hâte, comme si on y avait couché une pensée de dernière minute : « Un tableau de grande valeur vous attend, soyez au rendez-vous. »

On dit que le meilleur moyen de se cacher, c'est de se mêler à la foule. Il repensa à sa théorie d'une rencontre avec des malfrats lui proposant un tableau volé. Il l'avait oubliée, cette possibilité, au fil des trains et de la balade en bateau, car bien entendu l'idée semblait tirée par les cheveux. Mais il ne pouvait s'empêcher de trouver dans cette enveloppe comme une odeur de danger, qu'il n'avait pas ressentie jusqu'alors. Et puis, c'était le dernier rendez-vous. Ce serait là que tout se jouerait. Dans quarante-huit heures.

Il appela Jamel. Pas de réponse.

La sensation de froid, accentuée par la fatigue, commençait à raidir ses membres, mais il ne pouvait pas partir sans avoir exploré le reste du jardin. Surtout le jardin d'eau. Il marcha à travers les allées froides, et vit enfin les saules pleureurs qui délimitaient le royaume aquatique lové dans le parc. Puis il le vit. Le petit Pont japonais de ce vert éclatant, tellement joyeux au milieu du paysage d'hiver. Il réalisa que c'était celui qui figurait sur le dessin de Fabrice Nile. L'eau du bassin reflétait le ciel, et c'était comme si un tapis de nuages menait le visiteur vers un trône coloré, celui du peintre d'exception qui un jour y était passé. Frédéric s'arrêta, toujours enchanté, regrettant de ne pas avoir les yeux assez grands pour embrasser le jardin tout entier. Il goûta le silence. Sans le savoir, il se recueillait. Il tentait de rentrer en communion avec l'artiste révéré, le maître des lieux, mort et enterré au cimetière de Giverny, derrière l'église. Comment expliquer alors que Frédéric pouvait le voir sur ce petit pont, sa grande silhouette barbue perdue dans la contemplation de son royaume aquatique ?

Un oiseau cria, un engin se mit à rugir au loin et Frédéric se rendit compte que la silhouette sur le pont n'était pas Monet, mais un individu en chair et en os. Le temps d'arriver là où il l'avait vu, l'inconnu avait disparu.

40

Pétronille était inquiète. Ernest semblait épuisé. Il toussait de plus en plus fréquemment. Cette conversation l'essoufflait. Pourtant, elle sentait qu'il avait besoin de parler. Elle se souvint de ce qu'avait dit le médecin. L'homme devant elle n'avait plus que quelques semaines à vivre. Devait-elle l'écouter ou rompre le charme et l'encourager à se reposer ? Mais dès qu'il rouvrit la bouche, son histoire la happa à nouveau.

— Je retournai dans le jardin. L'Américain était toujours là. Je l'entendis dire sans se retourner avec un fort accent :

» — Avez-vous la main verte, comme on dit ici ?

» — À mon grand regret, non, répondis-je. D'autres font les jardins, moi, je ne fais que les admirer.

» — Ah ! Alors vous avez l'œil vert. On peut dire cela ?

» Je ris et il se retourna.

» — Oui, fis-je, je pense qu'on peut le dire. On m'a expliqué que vous vous êtes lancé dans une grande entreprise.

» Il retourna à ses semis et me répondit, le dos tourné :

» — Êtes-vous un artiste ?

» — Non, non. Là encore, je ne suis qu'un admirateur.

» — Mes parents voulaient que je suis peintre. Ils aiment beaucoup la peinture. Ma grand-mère, avant qu'elle est morte, avait des peintures de Monet. J'étudiais beaucoup, les couleurs, la lumière, mais moi, je ne suis pas né avec le talent, *you understand* ? Je suis venu ici, à Giverny. J'espère que le talent me trouve ici, mais non. C'est le jardin qui me trouve. Alors je jette mes pinceaux, et je prends ça pour faire les couleurs et la lumière, fit-il, me montrant sa petite serfouette.

» — Difficile de croire que ce bout de terre était un jour le jardin de Monet, fis-je, pensif.

» — Mais il faut croire, fit-il me regardant droit dans les yeux. Il faut croire, mon ami.

» Il se releva.

» — Regardez, là, le clos normand. Elles sont là, les couleurs, sous l'hiver. *It's like a sketch*... un croquis, vous savez ? Les nymphéas, ils reviendront un jour. Peut-être deux ans, dix ans, cinquante ans, il faudra. Le temps n'a pas d'importance, il faut croire.

» Il me regarda, enleva un gant et fouilla dans la poche de son manteau taché de terre.

» — Tenez, *look*.

» Il sortit de sa poche un document troué à force d'avoir été ouvert et refermé. C'était un immense plan du jardin, et ses bras écartés pouvaient tout juste le déplier. Dessus, il avait peint des copies des tableaux de Monet. Il y avait aussi, collées délicatement, des photos de l'époque du peintre et des photocopies d'extraits de ses lettres. Il y avait inscrit d'une calligraphie élégante le nom des saisons : *Winter*, *Summer*, *Spring*,

Fall. Puis d'autres mots comme *Fleeting*, *Serendipity*, *Eternal*, *Joy* puis une inscription qui me parut japonaise. Et au milieu, il y avait un cœur rouge comme un cœur ardent, celui de Notre-Dame des Jardins peut-être.

» Il replia le document et fit avec fierté :

» — Ce jardin a existé parce que Monet l'a imaginé. Il a aimé ce qu'il voyait dans… dans l'invisible, *you understand* ? Jamais il n'a arrêté de croire que ce bout de terre devient ce jardin un jour. Moi aussi j'imagine et je crois, pour faire naître le jardin encore. Ça, c'est comme ma carte de trésor. Il faut croire, et on trouve le trésor.

» Oui, les couleurs étaient revenues et je commençais à pouvoir imaginer ce que l'artiste avait vu ici même il y avait longtemps. Je lui dis :

» — Je ne me suis pas présenté. Ernest Villiers.

» L'homme serra la main que je lui tendais et répondit en souriant :

» — Simon Offenbach.

41

Ne trouvant pas l'étranger sur le pont, Frédéric frissonna de tout son corps. Le froid dans ses pieds et ses mains commençait à devenir douloureux. Peut-être valait-il mieux rentrer. Cette enveloppe était la raison pour laquelle Fabrice Nile avait voulu qu'il vienne ici, il l'avait en sa possession à présent. Il pouvait partir. Soudain, un bruit au milieu du silence le fit se retourner. Le cri d'une pie ; elle avait pris son envol depuis un petit panneau au bord de l'étang.

Pourquoi Frédéric fixait-il ce bout de bois ? C'était juste un écriteau informatif destiné aux touristes. Pourtant, quelque chose, malgré lui, un instinct, une sorte de superstition, le fit descendre du pont pour aller lire ce qui y était inscrit :

J'ai mis du temps à comprendre mes nymphéas... Je les cultivais sans songer à les peindre... Un paysage ne vous imprègne pas en un jour... Et puis, tout d'un coup, j'ai eu la révélation des féeries de mon étang. J'ai pris ma palette. Depuis ce temps, je n'ai guère eu d'autre modèle.

Claude MONET

Frédéric resta interdit. Il prit dans sa poche son ticket d'entrée et relut le poème.

Cueille à temps les féeries de ton étang
Ou règne bientôt sur un océan
De fleurs fanées

Frédéric pesta. Qu'avait-il sous son nez qui allait se révéler le trésor de sa vie ? Car c'était cela que l'énigme signifiait, cette fois-ci. Quelqu'un voulait lui donner une leçon avec une philosophie de comptoir.

Puis soudain, Frédéric comprit. Il revit l'adolescent dans le train et le Capitaine… Ces rencontres faisaient toutes parties du plan. Tous les détails, toutes les conversations, rien n'avait été laissé au hasard, tout était signe. Ce n'était pas une coïncidence qu'il y ait un autre invité dans le jardin à cette heure-ci ; sa rencontre avec lui était prévue. Son cœur battait la chamade. Il fallait retrouver le flâneur, cet étranger qui rôdait dans le jardin, il fallait le retrouver coûte que coûte et le faire parler. Frédéric sentit la colère s'emparer de lui et il partit comme un fou. Il courut, courut, mais il ne parvint pas à rattraper l'étranger. Lui aussi, comme tous les autres, avait disparu. Des ombres bougeaient à travers les saules décharnés dans la lumière d'hiver, mais Frédéric ne distinguait pas la silhouette complète. Comment pouvaient-ils disparaître aussi vite, ces étrangers qui lui parlaient, étaient-ils des fantômes, eux aussi ?

Il courut, Frédéric, à en perdre le souffle. Deux fois, il glissa sur la neige, se releva et courut de nouveau. Puis il s'arrêta ; il était de retour sur le petit Pont japonais. Dans sa poitrine palpitait une rage incandescente, une sueur froide collait ses vêtements à son corps. Il avait parcouru tout l'immense jardin. Il se mit à crier :

— Je sais que vous êtes là ! Montrez-vous !

Immédiatement, tout le jardin de Monet sembla se taire, et Frédéric aperçut une silhouette derrière les saules.

42

— Simon Offenbach insista pour me montrer tout le jardin. Il y avait tellement de recoins inaccessibles, mais il avait pris une petite faux pour couper les ronces et nous permettre de les explorer. À chaque arrêt il faisait naître dans mon esprit avec une grande clarté, comme par magie, la toile impressionniste qui s'en était inspirée : *La Maison de l'artiste vue du jardin aux roses*, *Le Pont japonais*, *La Barque*, *Les Nymphéas*, *Iris jaunes et mauves*, *L'Allée des rosiers*, *Le Saule pleureur*, *Le Jardin de l'artiste à Giverny.* Mais il conjurait aussi ce qu'il appelait la « vérité du jardin », c'est-à-dire les noms de toutes les plantes et le dessin des parterres, tels que son créateur les avait imaginés. Combien de temps avons-nous passé dans le jardin ce jour-là ? Je ne saurais le dire. Il me semblait que le temps s'était arrêté, et mon nouvel ami m'expliqua que c'était un de ses gros soucis : dès qu'il commençait à jardiner, il perdait la notion du temps. C'était sans doute pour cela que la minuscule galerie d'art qu'il possédait dans la grand-rue de Giverny perdait autant d'argent. Cela le faisait rire.

» Je n'arrivais toujours pas à trouver pourquoi son visage m'était si familier. Ce n'étaient pas seulement ses traits : après ces quelques heures passées ensemble, nous étions comme des amis de longue date, parfaitement à l'aise l'un avec l'autre. Plusieurs fois je proposai les noms de connaissances que nous aurions pu avoir en commun. Chaque fois il niait, et chaque fois il riait.

» Je repoussais dans ma tête l'heure des trains. J'en avais déjà manqué tant. Je me disais que je prendrais le prochain. Et le prochain. Et encore celui d'après. Nous passâmes par sa petite galerie. La nuit tomba. Je n'avais pas mangé mais je n'avais pas faim. Et surtout, je n'avais pas envie de partir.

» L'amitié de cet homme était soudain venue éclipser toutes les autres. Ce Don Quichotte parti en guerre contre le temps et ses mauvaises herbes m'ouvrait des possibilités. Si un homme ordinaire pouvait recréer le jardin d'un des plus grands artistes de l'histoire, alors, moi aussi, je pouvais faire de grandes choses. Il me poussait des ailes.

» Vint le moment où je risquais de ne plus pouvoir prendre de train du tout. Ma montre était formelle, nous avions passé huit heures ensemble, ce qui était tout à fait inconcevable. Je dus prendre congé de lui. Il proposa de m'accompagner à la gare. La neige se remit à tomber à gros flocons qui se pressaient dans la lumière jaune des lampadaires. La rue était déserte. Juste avant la gare, au coin d'une petite rue, Simon Offenbach s'arrêta. Il me dit que les trains qui partaient le rendaient toujours profondément triste ; il préférait me quitter là. Et je vis que oui, il était bien triste. Je le rassurai en lui donnant ma carte, nous nous reverrions. Alors il me regarda et fit un geste qui bouscula mon âme : il caressa ma joue.

» Ma joue, que seules quelques femmes avaient

caressée, moi, un homme marié. Car j'étais marié, vous l'avais-je dit ? Comment cet homme pouvait-il oser douter de ma virilité, pouvait-il souiller notre innocente amitié par des pensées aussi dégénérées ? Cette caresse me brûla comme la honte et je lui envoyai une gifle qui le fit trébucher. Je remerciai Dieu que la rue soit déserte, qu'il n'y ait aucun témoin de cet échange indigne.

Ernest s'arrêta encore.

— J'aurais dû m'arrêter là, bien sûr. Partir prendre mon train, ne pas me retourner et oublier Simon Offenbach. Mais mon cœur bouillonnait encore de son insulte, la rue était déserte et ma tête… ma tête… j'avais perdu la tête. Alors je me précipitai sur lui de toute ma rage et…

» … et je l'embrassai.

43

La silhouette était passée de l'autre côté du petit étang. Le vent silencieux qui faisait bouger les branches molles du saule découvrait par intermittence sa taille haute et fine, son habit sombre. Frédéric ne bougea pas et cria par-dessus l'onde froide :

— C'est vous, n'est-ce pas ? C'est vous, Fabrice Nile ? L'adolescent tatoué, le Capitaine aux cuissardes, c'est vous tous ? Hein ? Répondez !

L'inconnu semblait parfaitement placide.

— Et Jamel ? Lui aussi, il fait partie du complot ? Hein, qu'est-ce que vous voulez de moi ? Me rendre fou ? Comment osez-vous j-j-jouer avec ma vie ? continua Frédéric, la salive aux lèvres, les joues empourprées et le souffle court.

» J'en ai assez des charades, de toutes ces phrases qui ne veulent rien dire, de cette sagesse de bazar ! Qu'est-ce que vous voulez ? De l'argent ? J'en ai plus, je suis ruiné, j'ai tout perdu à cause de vous ! RÉPONDEZ-MOI !!!

Frédéric se mit à courir vers le petit pont pour rejoindre l'autre rive. Son cœur tambourinait violemment, mais il s'arrêta net au milieu du pont. Le vent avait découvert le visage de l'homme derrière les saules.

C'était un épouvantail.

À ce moment la neige se remit à tomber dans le matin blanc et ce fut comme si le jardin montrait aux hommes un autre chapitre de sa splendeur. Mais Frédéric ne la vit pas. S'il s'était vu, pourtant, là, seul au milieu de la plus grande œuvre de Claude Monet, dans ces paysages d'hiver qu'il aimait tant ! Il aurait pu être une toile illustre ou un calendrier de décembre tant sa présence ressortait au milieu de toute cette beauté, baigné de la lumière froide d'un hiver extraordinaire, avec les traces de ses pas dans la neige.

Mais il ne vit rien que sa colère qui peignait des croix rouges sur le jardin blanc et il donna un coup de pied dans le Pont japonais. Puis, entraîné par sa propre audace, il se mit à arracher les iris et les rosiers, à prendre la terre grise à pleines mains, à cogner les saules et les bambous.

Il ne fallut pas longtemps à la sécurité de la fondation Monet pour appréhender ce fou qui détruisait le jardin. Il se rendit sans broncher. Quand les gendarmes lui demandèrent son nom, il répondit sans sourire :

— Fabrice Nile.

44

— Ce soir-là, je rentrai chez moi et, pour la première fois, mentis à ma femme. Je revis Simon et mentis encore. Et encore. Mais l'amour qui grandissait entre Simon et moi brûlait par son optimisme tout le reste de mon existence. J'ai vécu avec lui presque deux semaines d'un amour secret et, oui, je crois, plein d'ivresse. J'étais ivre d'espoir. Tout devenait neuf. Ma vie n'avait désormais de sens qu'au contact solaire de Simon. Nous nous voyions à Giverny ou dans sa maison de Vétheuil. Je ne sais plus ce que je pensais à l'époque, si je me demandais comment cette double vie pouvait continuer. Je crois que je ne pensais pas. Je vivais les jours comme ils venaient, je vivais plus que je n'avais vécu auparavant. Je vivais deux, trois, mille vies splendides. Je vivais pour la première fois en étant profondément moi-même, et c'était une renaissance.

» Notre relation contre nature, si elle n'était pas hors la loi, était très sévèrement condamnée par la société. La libération sexuelle des années 70 n'était pas encore arrivée dans les petites villes normandes. Je me demande même si elle y est arrivée aujourd'hui. Nous devions nous cacher. Simon n'était pas marié et, contrairement à moi, il n'avait pas à autant porter le fardeau du secret. Sa légèreté, comme sa joie, était contagieuse. Au fil des jours, nous prenions moins de précautions pour cacher notre amour. Et ce qui devait arriver arriva, bien sûr. Le 19 décembre, ma femme nous surprit. La tendresse qu'elle avait eue pour moi pendant nos neuf années de mariage se mua en un instant en une haine fulgurante. Elle exigea que je quitte le domicile conjugal immédiatement, me menaçant d'une humiliation publique et dévastatrice, à moins que… à moins que… je ne disparaisse à jamais.

» C'était le 19 décembre 1979. Cinq jours avant Noël. Car ce que j'ai omis de vous dire, Pétronille…

À ce moment-là, Pétronille, pendue aux lèvres d'Ernest, entendit une voix enjouée derrière la porte et la poignée qui se tournait. Le visage d'Ernest s'illumina instantanément, et il s'écria :

— Ah, Pétronille, je vais pouvoir faire les présentations. Voici mon fils.

Pétronille se raidit, son cœur manqua un battement et elle tira sur son cardigan.

Jamel apparut dans l'encadrement de la porte.

45

Jamel regarda Pétronille, Pétronille regarda Jamel, et on aurait pu dire que l'affaire était faite. Mais, comme Jamel ne pouvait décemment pas dire : Mademoiselle, je vous trouve très belle et quelque chose dans mon ventre me dit que je vous aime déjà. Vraiment, je ne saurais pas dire pourquoi, parce que je ne vous connais pas, mais faisons confiance aux papillons dans l'estomac et partons ensemble refaire le monde, il se contenta de dire : « Bonjour. »

Et elle, plutôt que de dire : Monsieur, vous avez tout l'air de celui que je recherche, ces yeux qui se posent sur moi si délicatement c'est nouveau ça. S'il vous plaît ne les détournez pas car vraiment j'aime beaucoup… lui proposa : « Un chou ? » en tendant son tupperware.

Jamel se reprit enfin, répondit « Non merci », regarda Ernest et lui dit :

— Je suis passé prendre… euh… c'est quoi, déjà, ce que je suis venu prendre…

— Tu devrais vraiment goûter les choux de Pétronille, ça te remettrait les idées en place.

— Pétronille… Jamel, fit-il en lui tendant la main.

À ce moment on frappa à la porte, et la tête de Maurice apparut.

— Ernest, comment va ? Mademoiselle, ravi de vous revoir. Euh, Jamel, tu as deux minutes ?

La tête de Gilles apparut sous celle de Maurice.

— Hey Ernie, fit l'adolescent.

— Bonjour Gilles, ça va, mon garçon ? répondit Ernest.

— À fond.

Puis la tête de Bertrand dépassa celle de Maurice. Pour tout salut, il leva son chapeau de pirate.

Jamel pouffa quand il les vit tous les trois et fit :

— Pétronille, je vous présente Gaspard, Melchior et Balthazar, ils ont suivi l'Étoile du Berger jusqu'ici…

— Dis, le berger, s'il veut pas être dans la mouise, il devrait ramener son étoile presto, l'avertit Bertrand.

— Il faut qu'on cause, précisa Maurice.

— *Crisis meeting*, ajouta Gilles.

— C'est bon, j'arrive.

Avant de sortir, il fit à Pétronille :

— Je reviens. Gardez-moi un chou !

46

Pétronille rassembla ses esprits, ses choux et son sac à main et bafouilla qu'Ernest devait être fatigué et qu'il était temps pour elle de rentrer. Ce qui était dommage, compte tenu de l'effet que lui avait fait Jamel.

— Merci de m'avoir écouté, Pétronille. Vous savez, quand on est à la fin de sa vie, comme moi, tant de souvenirs ressortent et on ne sait pas quoi en faire quand on n'a personne à qui les dire. Alors ils restent, ils prennent la place du présent et, là, on est foutu.

Elle se leva et lui dit en marchant vers la porte :

— Je reviendrai, Ernest. Gardez-les au chaud, vos souvenirs, vous me les raconterez… après Noël.

Elle se retourna.

— C'est vrai, ça, je devrais vous souhaiter joyeux Noël, c'est dans deux jours…

Elle revient sur ses pas et embrassa le vieil homme.

— Joyeux Noël, Ernest.

Il leva les yeux sur elle.

— Joyeux Noël à vous… Savez-vous, ma chère Pétronille, que toute cette conversation m'a donné faim ? Un dernier pour la route ?

Pétronille reposa son sac et ouvrit la boîte de choux. C'était une façon tellement élégante de lui demander de rester. Avait-il perçu les étincelles entre elle et Jamel ? Allait-il jouer les entremetteurs ?

— Allez, parce que c'est vous, fit Pétronille.

— Vous savez, Jamel n'est pas mon fils naturel.

Pétronille comprit alors qu'Ernest sollicitait ainsi sa présence pour pouvoir dire ces choses qu'il n'avait pas encore dites. Elle réalisa aussi qu'elle mourait d'envie de savoir qui était Jamel et comment il était entré dans la vie du vieil homme. Elle s'assit à côté du lit.

— Jamel est un garçon que j'ai rencontré dans cet hôpital, oui, ici même. C'était il y a plus de vingt ans. On nous avait mis dans la même chambre, Jamel et moi. On me traitait pour un infarctus et Jamel était un gamin perdu de dix-huit ans, miné par la drogue et l'alcool, avec une jambe à moitié écrasée dans un accident. Simon venait me voir, mais Jamel, lui, n'avait personne. Nous sommes devenus amis. Puis Simon et moi l'avons un peu adopté. Ou plutôt, c'est lui qui nous adoptés. On dit que la famille n'a rien à voir avec le sang, mais plutôt avec une main tendue. Et peut-être lui ai-je tendu la main, au petit Jamel, parce que… parce que je n'ai pas pu la tendre à mon vrai fils.

Pétronille s'était approchée, car la main d'Ernest tremblait. Comme elle avait voulu prendre la main de Frédéric, elle prit celle d'Ernest.

— J'ai eu un fils avec mon épouse. Frédéric. Le petit garçon le plus précieux au monde. Nous nous entendions si bien, lui et moi. Il était… ah, Pétronille, comment vous le décrire… Qu'importe, vous comprenez, c'était mon enfant, mon petit. Et je l'aimais plus que tout. Il avait sept ans cet hiver-là. Quand la vérité a éclaté, la famille de ma femme ne m'a pas donné le droit de le voir. Je n'ai pas pu lui dire au revoir, mais je pensais toujours que je le reverrais quand les cœurs se seraient calmés. J'espérais toujours que ma femme me pardonnerait, qu'elle comprendrait que ce que je vivais avec Simon n'était ni dégénéré ni… contagieux. Tous les jours, toutes les nuits, je pensais à lui, mon petit, mon garçon qui devait grandir et me ressembler – et je n'étais pas là pour le voir.

» À tous ses anniversaires, j'envoyais un petit cadeau. Et tous les ans, à Noël, moi aussi, comme tous les autres parents, je traînais au rayon jouets des grands magasins, passais des heures à choisir ce qui l'émerveillerait le plus, l'imaginant en train de jouer, dans son petit pyjama, au pied d'un sapin que je n'aurais pas décoré. Je choisissais le plus beau paquet cadeau, des rubans, aussi, et il y avait toujours une étiquette qui disait « Pour Frédéric, de la part de ton Papa qui t'aime fort ». Et chaque année, pendant dix ans, je redoutais la venue du facteur dans les jours qui suivaient Noël. J'espérais qu'il ne viendrait pas, mais chaque fois il venait, me rendant mon paquet qui n'avait pas été ouvert et la petite étiquette qui n'avait pas été lue.

» Si j'avais su, en ce jour de décembre 1979, que je ne reverrais plus jamais mon fils, aurais-je quitté Simon ? Je l'ignore. Sachez seulement, Pétronille, que cet homme m'a donné vingt ans de bonheur. Nous passions notre vie entre sa maison de Vétheuil, proche de celle où habitait Monet, et un appartement à Giverny. Simon est devenu chef jardinier à Giverny, je me suis occupé de sa galerie d'art, qui a fermé il y a quelques années. J'ai même créé quelques calendriers. J'ai eu une vie heureuse, grâce à Simon. Voyez, Pétronille, le choix cornélien que le destin m'a demandé de faire, entre mon plus grand amour et mon plus grand trésor.

Souviens-toi de ce bel amour / Qui cachait l'hiver en

son sein, pensa Pétronille. Mais, avant qu'elle puisse se rappeler où elle avait entendu ces vers, Ernest continua.

— J'ai perdu la trace de mon fils un peu avant ses vingt ans, mais l'ai retrouvée plusieurs années après, grâce à un article de journal annonçant qu'il avait été accepté dans une grande université américaine. C'est Jamel qui a insisté pour que je lui écrive. Seul, je n'en aurais pas eu le courage. Je lui ai envoyé une longue lettre lui expliquant ma vie et lui demandant de me pardonner. Cette lettre aussi m'a été retournée par le facteur à l'adresse de Jamel, chez qui Simon et moi résidions lorsque nous descendions à Paris. Je n'ai pas pu lui dire au revoir, mais tout ce temps, je ne me suis jamais résigné.

» Jusqu'à… jusqu'à ce que la vie m'ordonne de faire mes adieux à tout ce qui m'est cher. Et lui, mon fils, il n'est toujours pas là. Je sais que Jamel, ce cher Jamel qui déborde toujours d'idées, complote derrière mon dos pour que nous nous revoyions. Je le laisse faire. Je le laisse faire, mais…

Il sourit à Pétronille, et la jeune femme sut alors qu'il était temps de partir.

47

Frédéric était étendu de tout son long, à même le sol, sur son parquet, les ongles noirs de terre et la chemise sale. Le fauteuil avait disparu, la console aussi. Des cartons de déménagement étaient plaqués contre les murs et renfermaient, jeté pêle-mêle, tout ce qu'il avait jadis rangé avec soin : ses antiquités précieuses. Frédéric, donc, gisait au milieu de tout ce fouillis, des dizaines de livres sur les impressionnistes éparpillés autour de lui.

Il était rentré de Giverny à la tombée de la nuit. Son corps avait arrêté de trembler. Il avait passé plusieurs heures à la gendarmerie de Giverny, où sa véritable identité avait été révélée en quelques minutes. Le jardin de Monet était classé au patrimoine de l'Unesco et le vandalisme était sévèrement puni. Frédéric avait évité l'incarcération immédiate, mais il allait écoper d'une amende conséquente et passer devant le tribunal. Les gendarmes l'avaient laissé rentrer chez lui dans l'après-midi. Me Frédéric Solis avait à présent un casier judiciaire.

Quand Frédéric fit ses premiers pas dans la rue en sortant de la gendarmerie, il fut accueilli par la neige. Elle n'avait cessé de tomber mollement depuis le matin. Il ne savait plus trop où aller. Il n'avait pas envie de rentrer chez lui. Il sentait la sueur et le café et il avait froid. Immobile sur le trottoir, il repensa aux *Nymphéas*. Ces nymphéas qui poussaient sous le nez de Monet, comme ils poussent dans des milliers de jardins anonymes. À quel instant divin l'artiste avait-il changé de regard et découvert le sublime dans l'ordinaire ? Par la grâce d'une lumière différente peut-être ? Sur la suggestion d'un ami ? Guidé par une joie, dans le cœur, qui l'avait poussé à célébrer ce qu'il voyait, ou alors sous l'effet d'une grande solitude dont un nénuphar l'avait tiré ?

Sans réfléchir, alors que les flocons de neige mettaient du blanc dans ses cheveux, Frédéric prit son téléphone et appela Marcia.

Elle ne répondit pas.

À présent, toujours dans ses vêtements sales, il était donc allongé sur le parquet de son appartement sens dessus dessous et son regard s'était posé sur le tableau de Sisley. Son estomac se serra et il détourna les yeux. Il lui manquait trente mille euros pour le sauver de la saisie des huissiers. Une bouchée de pain, un vingtième de la valeur de l'œuvre, mais une somme impossible à trouver. Frédéric fixait l'ampoule nue qui pendait du plafond, là où avait été suspendu récemment encore un lustre en cristal. Après-demain arrivait si lentement. Après-demain… le rendez-vous à Orsay.

Soudain, on frappa à la porte. Une angoisse passa sur le visage de Frédéric. Il se releva, ses habits froissés, scrutant la porte d'entrée. Qui pouvait bien venir à cette heure de la nuit ? Il regarda sa montre : il n'était que 18 heures. Il avait perdu la notion du temps. Il ouvrit : c'était l'homme du carnet d'adresses de Witherspoon.

Michael S. était l'agent immobilier des grandes fortunes, pour lesquelles il vendait et achetait des biens de prestige. La plupart des transactions se faisaient rapidement, souvent en liquide, et laissaient peu de traces. Frédéric l'avait contacté avant la débâcle Witherspoon et, n'étant plus habitué à ne pas avoir d'assistante, il avait oublié le rendez-vous.

Frédéric s'excusa du désordre, mais l'agent immobilier n'écoutait pas. Il se dirigea vers la fenêtre pour inspecter la vue. Puis passa de pièce en pièce.

— Combien de chambres ? demanda-t-il.

— Une. Plus un coin bureau.

— Avec la surface au sol que vous avez, ce bien devrait avoir au moins deux belles chambres, et une petite troisième. Vous avez fait des travaux ?

— Oui, admit Frédéric.

— Je vois. Avec une chambre en plus, je pourrais vendre votre appartement à un meilleur prix.

— Je désire le vendre en l'état, interrompit Frédéric.

L'agent immobilier savait qu'il ne fallait jamais insister. Ils signèrent les papiers, l'agent déclara : « Joli tableau » quand il passa devant le Sisley et s'en alla.

Frédéric marcha vers la fenêtre. Il prit son téléphone et rappela Marcia. Pas de réponse. Il regarda dehors, le cœur de Paris qui battait sans lui. Bientôt, cette vue ne serait plus sienne. Pourtant, bizarrement, il n'en éprouvait aucune tristesse. À vrai dire, il ne ressentait rien du tout. Aucune joie, aucune peine. Rien que le temps qui s'égrenait quelque part et le tirait vers un monde d'imprévu. Il avait cette certitude qu'après le 24 décembre, plus rien ne serait jamais comme avant. Il se dirigeait tout droit dans l'œil du cyclone, et cet œil qui le regardait, c'était celui de Caïn. Il tira les rideaux et alla s'asseoir par terre devant le chemin enneigé du tableau de Sisley. Autant en profiter une dernière fois.

À minuit, il était toujours à la même place. Sur son réveil, dans sa chambre, le 22 décembre devenait le 23. Encore une journée, et il faudrait aller au musée d'Orsay.

48

Pétronille s'apprêtait à prendre l'ascenseur au troisième étage, encore secouée par ce qu'elle venait d'entendre. Devait-elle le dire à Frédéric ? Tout cela était bien trop lourd pour elle, ces vies si fragiles et toute cette douleur. Tant de douleur. Ces mystères, elle les déchiffrait à présent : Jamel avait effectivement comploté, envoyant ces énigmes à Frédéric pour le rapprocher de son père. Il fallait qu'elle en parle à Dorothée, elle saurait ce qu'il fallait faire. Et puis, il y avait Jamel et son sourire qui l'avaient touchée. Elle inspira profondément et entrait dans l'ascenseur quand elle entendit :

— Pétronille !

Elle rouvrit les portes qui se fermaient et Jamel se précipita dans l'ascenseur en traînant la jambe. Elle le regarda, tel un petit chat apeuré.

— Et mes choux ? dit-il en souriant.

— Bien sûr, vos choux, fit-elle, soulagée.

— Dites, Pétronille. Ce n'est pas que je doute de votre bon cœur, mais… qui êtes-vous ?

Pétronille se contenta d'ouvrir de grands yeux.

— Vous avez posé des questions sur Fabrice Nile,

et maintenant vous êtes la confidente d'Ernest. Y a-t-il des choses que vous voulez me dire ?

Après un moment durant lequel Pétronille ne détacha pas son regard de celui de Jamel, elle dit :

— La carte au trésor de Fabrice Nile et des tickets mystérieux pour Giverny et Vétheuil ont été légués à Frédéric Solis, qui n'a aucune idée de ce qu'ils signifient. Y a-t-il des choses que *vous* voulez me dire ?

Lentement, un sourire malicieux vint fendre le visage de Jamel. Il parla enfin.

— J'ai tout de suite su que nous avions des choses à nous dire, vous et moi. Je vous offre un café à la cantine ?

— Un thé vert au jasmin, sans sucre. Et je peux rester une demi-heure, pas plus, une montagne de choux m'attend.

— Vous êtes dure en affaires, mais OK pour le *deal*. Après vous, fit Jamel quand les portes s'ouvrirent sur le rez-de-chaussée.

Ils étaient attablés à la grande cantine de l'hôpital, qui bien sûr, n'avait pas de thé vert au jasmin. Jamel avait rapporté à Pétronille, sur un plateau mouillé, une tasse dans laquelle trempait un sachet de thé de supermarché. Ce qui permit à celle-ci d'annoncer :

— Puisque déjà vous n'êtes pas à la hauteur de votre offre, c'est à vous de commencer.

Jamel sourit dans son café.

— D'accord. (Il soupira et devint sérieux.) Ernest va mourir bientôt. Très bientôt. Toute sa vie, il a voulu revoir son fils. Mais Frédéric, lui, ne veut pas entendre parler de son père. Pour de fausses raisons. Moi, j'ai une dette envers Ernest. Et j'ai trouvé un moyen, peut-être, de réconcilier le père et le fils avant qu'il ne soit trop tard. Voilà.

— Que vient faire Fabrice Nile dans tout ça ? demanda Pétronille.

Jamel resta silencieux et se contenta de la regarder en souriant. Pétronille comprit. C'était à son tour de parler.

— Je travaillais comme assistante personnelle de Frédéric Solis lorsqu'il m'a demandé un dossier complet sur Fabrice Nile. Il voulait aussi savoir si Fabrice avait un lien quelconque avec Ernest Villiers.

— Et vous lui avez parlé de l'hôpital ? fit Jamel, qui avait pâli. Dites-moi ce que vous avez appris.

— Sur Fabrice Nile, pratiquement rien. Ou alors si, l'essentiel, si on regarde bien sa carte au trésor… (Pétronille s'arrêta et regarda Jamel.) C'est vous, n'est-ce pas, qui animez l'atelier ?

Jamel hocha la tête.

— Qu'est-ce que vous avez appris sur Ernest ? fit-il.

— Tout, je crois… Simon, Giverny, les cadeaux de Noël qui lui revenaient, la lettre que Frédéric n'a jamais lue, vous…

Jamel baissait les yeux.

— Et tout cela s'est retrouvé sur votre rapport…, fit-il amèrement.

— Si c'était le cas, que se passerait-il ? demanda Pétronille.

— Je ne sais pas… Un peu de magie disparaîtrait, c'est tout… et Frédéric n'aurait jamais son tableau.

— Alors, il y a eu une intervention divine en votre faveur.

Jamel leva les yeux sur elle.

— Frédéric Solis m'a licenciée avant que je lui fasse mon rapport. Il n'a rien appris du tout.

Jamel retrouva ses couleurs, et Pétronille en profita pour lui demander :

— Maintenant, Fabrice Nile…

— Fabrice Nile était mon ami. Je l'ai rencontré à l'hôpital, disons que c'était un habitué. C'était un homme qui donnait tout, même s'il n'avait pas grand-chose. Fabrice, la vie, elle ne lui avait pas donné que des bonnes cartes, et le voir faire sa carte au trésor avec toutes ces choses toutes bêtes auxquelles il rêvait, ça me fendait le cœur à chaque fois. Je l'ai hébergé un temps chez moi. Quand il est mort, il n'y avait que nous qui le pleurions. Mais au moins, il y avait nous, vous comprenez ? Gilles, Maurice, Bertrand, Ernest, moi. Nous étions comme sa famille. Nous lui avons fait des funérailles plutôt joyeuses, ici même. Nous nous sommes souvenus des bons moments, et c'était comme si je pouvais voir Fabrice qui rigolait, là-haut. Il aurait été content de nous voir tous ensemble, tiens. Ernest a prononcé un beau discours, comme d'habitude, et je me suis dit que j'avais de la chance d'avoir un père adoptif comme ça. Alors j'ai pensé au fils d'Ernest, à Frédéric. Qui avait toutes ces choses que Fabrice n'avait pas. Mais qui, lui, n'avait pas la chance d'avoir droit à un beau discours d'Ernest, pas la chance d'avoir une aussi belle famille que la mienne. L'injustice subsistait de ce fils que son père ne méritait soi-disant pas, de ce petit garçon qui n'avait rien demandé à personne mais qui avait dû vivre avec cette absence – une absence qui était devenue une part de lui-même et qu'il n'avait pas voulu combler. Alors quand j'ai appris, pour Ernest, j'ai décidé de faire tout ce que je pouvais pour changer le cours des choses, parce que Fabrice était parti, qu'Ernest allait partir bientôt et qu'il serait trop tard. J'en ai parlé avec Gilles, Maurice et Bertrand. C'est eux qui ont eu l'idée de la carte au trésor de Fabrice.

» Fabrice n'avait pas fait de testament car il pensait qu'il n'avait rien. Mais il avait cette carte au trésor, et tout y était. La recherche de sa vérité personnelle, sa haine de l'intolérance et ce qu'il aimait dire. Apprivoiser l'instant, c'était son *carpe diem*, c'était vivre les belles choses avant qu'elles ne disparaissent. Je pensais que ces principes étaient le meilleur de ce qu'un homme pouvait léguer à un autre. Ensuite, les billets de train, de bateau, les tickets par le jardin, le musée... Vous savez, parfois on a plus d'empathie pour des étrangers que pour nos proches ! Il arrive que l'on fasse de très brèves rencontres qui changent peut-être pas notre existence, mais notre regard. C'est comme ça qu'on apprend la vie : à rencontrer les autres. Alors, pour Frédéric, on a orchestré ces rencontres...

Pétronille demanda ce qui s'était passé pendant celles-ci. Jamel lui parla des nymphéas qu'il faut savoir cueillir au bon moment. De la vérité personnelle... et de l'intolérance autour d'une des tombes du cimetière de Vétheuil.

Pétronille demanda alors :

— Et ils ont tous joué un rôle ?

— Un rôle ? Aucun d'eux n'a menti, Pétronille. C'est Maurice qui a eu l'idée de Giverny. C'est lui, l'amoureux des jardins qui n'a jamais su cueillir la féerie de son étang. Il croyait si fort en demain qu'il en avait oublié aujourd'hui. Et il a laissé partir la femme de sa vie, à qui il n'a jamais su dire qu'il l'aimait. Bertrand vouait une admiration sans bornes à Simon. Bertrand est mon ami d'enfance, il a longtemps habité chez moi, et Simon et Ernest passaient souvent. Simon avait du talent pour les grandes choses, des choses que l'on fait sans contrepartie. Il vivait sa vie comme un artiste, et c'était contagieux. Si Bertrand a choisi l'eau pour exprimer sa liberté, c'est grâce à Simon, qui l'a encouragé. Bertrand et moi allons souvent à Vétheuil depuis qu'Ernest est malade, mais c'est Bertrand qui souffre le plus du deuil, je pense. C'est dur de voir ces hommes s'éteindre. Soudain, il y a un peu moins de poésie dans la vie. Quant à Gilles… Gilles qui ne verra peut-être pas ses vingt ans…, croyez-moi, il en connaît un rayon sur la futilité des mensonges et l'urgence de vivre.

— Et vous ?

— Moi ? Frédéric me connaît. Je lui ai tout dit. Ou presque.

— Le plus important est ce qu'on ne dit pas.

— Je ne sais pas si c'est le plus important. Et je ne sais pas pourquoi je ne l'ai pas dit à Frédéric. Peut-être parce que je suis le seul dans tout Paris à savoir que derrière son manteau en cachemire se cache une enfance pauvre. Il valait mieux qu'il me voie comme ça aussi, comme un frère.

— Et vous ne l'êtes pas… ce frère ?

— Mes parents sont morts dans un accident d'hélicoptère. Que faisaient-ils dans un hélicoptère ? Ils allaient dans leur villa sur la Riviera. Mon père était l'une des plus grandes fortunes de France. À leur mort, j'ai hérité de plus d'argent que je ne saurai en dépenser dans toute une vie. Tous les rêves que je vois passer, la Corvette de Fabrice, les toiles de maîtres de Frédéric, les plages aux Seychelles des patients de l'atelier, je peux les avoir en claquant des doigts. Alors moi… moi, on peut dire que j'en connais un rayon sur les trésors. Une des choses que j'ai héritées est un hôtel particulier dans le septième arrondissement. Douze chambres, du marbre et des dorures partout, un des joyaux de l'immobilier parisien. Mais pour moi, c'est juste douze chambres vides. Quand ma famille a disparu, j'ai hérité de beaucoup d'argent et de beaucoup de vide. Il a bien fallu le combler. La bonne fortune a mis sur ma route Ernest, Simon, Bertrand, Gilles, Maurice et Fabrice. Fabrice et Simon sont partis, Ernest le sera bientôt, Gilles aussi peut-être. Maurice se fait vieux. Les gens qu'on aime sont toujours de passage.

— Mais peut-être qu'il est là, le trésor. Dans les jours qui restent.

Pourquoi elle avait dit ça, si doucement, elle ne savait pas ; les mots étaient venus tout seuls. Jamel la regarda comme on regarde une sœur, une amie, un être soudain essentiel.

Ils laissèrent le soir s'installer sur la cantine de l'hôpital. À cet instant même, les heures avaient du sens et il y avait dans l'air le petit bruit que fait l'amour qui se pose, comme celui de la neige. Comme si tout, autour, se taisait, en hommage à l'essentiel qui venait de naître.

— Vous saviez qu'Ernest sait ? fit Pétronille. Pas les détails, bien sûr, mais, disons, l'esprit de l'entreprise…

— Non, je ne savais pas, soupira Jamel. Je ne voulais pas lui dire pour ne pas lui donner de faux espoirs… Mais, finalement, c'est peut-être cet espoir qui lui permet de survivre.

Un employé de la cantine vint prendre la tasse de thé vide et passer un chiffon sur la table. Pétronille semblait réfléchir.

— Mais quand vous dites que Frédéric n'aura pas « son tableau »… de quel tableau parlez-vous ?

— Ah, le tableau, fit Jamel, malicieux.

Il parla encore et Pétronille écoutait, charmée. Chacun repoussait le moment de partir. Enfin, Jamel griffonna son numéro de téléphone sur l'étiquette du sachet de thé tombée sur la table et ils se séparèrent.

Le soir même, Pétronille n'appela pas Dorothée. Elle resta à la table de sa cuisine à rêvasser au-dessus de sa carte au trésor, plaça l'étiquette du sachet de thé sur sa création. Et cette fois-ci, elle la colla.

49

Frédéric marchait le long du parc Monceau. La nuit était tombée. Il fixait une des fenêtres éclairées dans laquelle se découpait une silhouette. Il était là depuis près d'une demi-heure. Il s'était déjà éloigné deux fois de la fenêtre. Puis il était revenu pour se poser devant la porte de l'immeuble, avec son manteau en cachemire froissé et ses chaussures qui ne brillaient plus. Il appuya sur la sonnette, sachant que Marcia était dans l'appartement et qu'elle pouvait le voir grâce au vidéophone. Elle n'avait pas répondu à ses cinq tentatives d'appel depuis la veille. Il attendit. Puis dit :

— Marcia, s'il te plaît…

Mais rien ne se passa. Il attendit encore. Il baissa la tête et descendit les quelques marches sur la rue. Où allait-il aller, à présent que Marcia l'avait rayé de sa vie ? Il n'avait nulle part où se réfugier. Tandis qu'il faisait un pas en direction du parc, il entendit le déclic de la porte d'entrée. Marcia le laissait entrer. Il se précipita dans le hall et dans l'ascenseur.

Enfin, il était devant elle. Elle lui avait ouvert la porte, avec ses beaux cheveux détachés, des petites lunettes de vue dorées sur le nez et pas une trace de maquillage. Exactement comme il la préférait. Mais elle avait en plus un magnifique ventre rond sous un gilet en grosses mailles et un regard dur qui le désarmait. Se souvenait-il de ce qu'il voulait lui dire ?

— Je peux te parler ?

— Je dois me lever tôt demain, tu ne peux pas rester longtemps.

Il entra. Son appartement avait changé. Il était toujours aussi chaleureux et féminin, mais une touche de douceur s'était posée sur les couleurs. Et surtout, devant lui, une porte ouvrait sur une chambre bleu pastel avec un petit lit en bois et un grand ours polaire en peluche qui faisait le guet. La chambre du bébé. Il détourna ses yeux immédiatement.

— Tu veux du chocolat chaud ? Je viens d'en faire.

Il acquiesça. Il la regarda évoluer autour de sa cuisine américaine. Oui, c'était chez elle, ici, et il n'y avait plus aucune trace de lui. Peut-être n'aurait-il pas dû venir. Elle lui tendit une tasse de chocolat chaud. Il sentit un parfum délicat et exotique.

— J'ai ajouté un peu de cannelle, fit-elle.

Il sourit et but une gorgée. C'était délicieux. Il regarda sa tasse et, sans lever les yeux, il dit :

— C'est un garçon.

— Oui.

— Je voulais te dire que… il s'est passé des choses étranges ces dernières semaines et…

— As-tu reçu ma lettre ? coupa Marcia.

Frédéric leva les yeux.

— Non… non, quelle lettre ?

— Tu aurais dû la recevoir vers le 10 décembre.

La lettre tombée dans le sac-poubelle de Pétronille le jour de la livraison du Sisley.

— Non. Pourquoi voulais-tu m'envoyer une lettre ?

— Pour te dire que l'enfant était de toi et…

— Marcia, l'interrompit-il. J'ai réfléchi et j'aimerais que toi et moi, on essaie encore une fois. Je suis allé sur le pont des Arts et j'ai vu notre cadenas, tu te souviens ? Toi et moi, peut-être qu'il y a encore une chance. Je ne sais pas si je serai un bon père, mais je veux essayer avec toi. Marcia…

— Laisse-moi finir…

— Il y a des choses qui se sont passées ces derniers temps, c'est trop compliqué pour en parler maintenant, mais toi et moi…

— Laisse-moi finir ! reprit Marcia en haussant la voix.

Frédéric se tut et la regarda. Il y avait une force nouvelle dans ses gestes, une maturité, peut-être, qu'il ne reconnaissait pas.

— Je te disais dans la lettre que l'enfant était de toi mais que je voulais l'élever seule. Je veux simplement que tu mettes ton nom sur son acte de naissance. Après cela, tu n'entendras plus parler de nous. Je ne te demande rien d'autre.

Frédéric était bousculé.

— Mais, Marcia, je te dis que je suis prêt à essayer…

— Essayer ? explosa-t-elle. Essayer pour combien de temps ? Toi et moi, Frédéric, on pouvait essayer tout ce qu'on voulait, se déchirer tous les jours et s'aimer toutes les nuits et se déchirer encore le lendemain, ce n'était pas grave. Mais lui, il ne veut pas d'un mec qui essaie. Il veut un père. Et pas seulement les jours qui l'arrangent. Tout le temps. Pour toujours. Et… et ce père, Frédéric, ce n'est pas toi. Ce sera un autre qui aura la patience, un autre qui pourra nous faire la place dont nous aurons besoin dans sa vie. Un autre qui aura de l'amour pas pour un, pas pour deux, mais pour trois, et pour d'autres encore.

— Mais cet autre-là, Marcia, rétorqua Frédéric, il sera là combien de temps ? Un an, deux ans, dix ans ? Il te fera croire que c'est pour toujours, et puis ensuite, il partira, parce que c'est comme ça, la vie, tu ne vois pas ? Moi, je te promets que j'essaierai, que j'essaierai de toutes mes forces parce que c'est toi, et que je donnerai tout ce que j'ai, mais je ne veux pas te promettre des choses qui n'existent pas ! Et « pour toujours », ça n'existe pas !

Il se rendit compte qu'il criait.

— Mais moi, je veux y croire, dit-elle doucement. Et mon bébé, il veut y croire aussi.

Frédéric allait répondre quelque chose, mais Marcia avait déjà tourné les talons et se dirigeait vers un coin de l'appartement. Il resta tout bête dans le grand salon, le cœur dans ses chaussures pas cirées. Il ne put s'empêcher de regarder la petite chambre d'enfant et de se dire que ce petit serait aimé, par sa maman, par cet ours polaire, et par un autre papa. Pourquoi n'était-ce pas lui ? Pendant un instant, il s'imagina rentrer de son travail, poser ses chaussures cirées, embrasser cette femme qu'il aimait de tout son cœur, et, toujours en chaussettes, aller sur la pointe des pieds dans la chambre bleue et caresser la joue de son fils endormi. Il murmurerait son nom, et tout serait calme dans sa tête, et il aurait une raison de vivre. Comment son fils s'appellerait-il ? Serait-ce aussi cet autre qui déciderait de son nom ? Serait-ce aussi cet autre qui aurait cette vie ? Il eut l'envie douloureuse de rester pour toujours. Ce toujours qui n'existait pas, il l'inventerait pour elle et pour lui et il détruirait tout ce qui viendrait s'interposer entre eux et leur toujours. Il sentit alors une odeur de cannelle. Marcia était devant lui. Délicatement, elle posa dans sa main une petite clef. Celle du cadenas du pont des Arts.

— Si tu passes par le pont, tu peux le décrocher, maintenant, fit-elle doucement.

Il la regarda et vit encore dans ses yeux cette détermination toute neuve, mais, cette fois, elle était teintée de tristesse. Il referma ses doigts sur la clef et sentit le froid du métal. Le même froid que l'asphalte noir de la rue, le même froid que la nuit d'hiver, le même froid que le banc sale sur lequel il serrait les poings quelques heures plus tard.

50

À 19 h 01, Jamel sonna à la porte de Dorothée. Il était nerveux et portait un bouquet de fleurs exotiques bien trop grand pour lui. Peut-être aurait-il dû en prendre un plus petit. Il avait été tellement heureux quand il avait reçu le texto de Pétronille qui l'invitait à cette fête. Mais il se dit que personne ne remarquerait ni sa joie, ni son bouquet trop grand. On entendait des cris et des rires derrière la porte.

Elle s'ouvrit d'un coup sur un trentenaire jovial un peu hippie aux cheveux aussi bouclés que ceux de Pétronille, qui grimaça et s'écria soudain :

— Aargh ! Au secours ! Des fleurs géantes ont dévoré l'un de nos invités !

Et qui détala, les bras en l'air, dans l'autre direction, faisant hurler de rire une petite fille au bout du couloir.

— Pétronille, c'est pour toi ! cria-t-il.

— Nini a les mains dans les choux. Juuuuules ! cria Dorothée.

Un autre trentenaire, plus grand, plus mince, plus yuppie, arriva à la rescousse de Jamel et le fit entrer.

— Vous devez être Jamel. Pardonnez à mon frère Ulysse… Jules (il tendit la main).

— Enchanté. Pardonnez ma fleuriste, elle confond

« bouquet » et « jungle d'Amazonie à l'échelle 1 ». Vous avez bien une baignoire dans laquelle mettre ma végétation ?

— La baignoire est déjà prise. C'est le vestiaire, sourit Jules en le conduisant à travers l'appartement. D'ailleurs, si vous voulez bien me suivre… On pourrait peut-être se tutoyer ?

— Je préfère. Ça fait une économie de syllabes.

— Et ces temps-ci, toutes les économies sont bonnes à prendre, rétorqua Jules.

Jamel se sentait déjà à l'aise avec Jules quoique, dans l'ensemble, il fût terrifié. Il avait déposé sa gabardine dans la baignoire où gisait tout un tas d'autres manteaux, mais il fallait retourner au salon, où régnait un joyeux vacarme. À vue d'œil, une bonne quinzaine de membres de la famille de Pétronille se tenaient prêts à l'évaluer. Et dire qu'il ne connaissait Pétronille que de la veille ! Il demanda à Jules :

— Alors, à ce que j'entends, c'est une surprise pour vos parents ?

— Quarante ans de mariage. Une partie de la famille était déjà là pour les fêtes de Noël, alors on s'est dit… Enfin, je dis « on ». C'est surtout Pétronille et Dorothée qui ont tout organisé. Nous, les hommes, on fait seulement ce qu'on nous dit de faire et on se tient planqués.

— *Surtout*, aucune initiative, ajouta Ulysse. Même sous la menace.

— Ils doivent arriver quand ?

— À 20 heures, reprit Ulysse. *Shit*, dans moins d'une heure.

Les deux frères lui présentèrent leur famille.

D'abord, celle qui donnait des instructions à tout le monde et qui semblait faire mille choses à la fois, c'était Dorothée. Elle serra la main de Jamel en vitesse puis repartit dans la cuisine en marmonnant :

— Pourvu qu'ils arrivent pas en avance, pourvu qu'ils arrivent pas en avance !

La petite fille était Mimi, la fille d'un premier mariage de la fiancée vénézuélienne d'Ulysse, Silvia. Elle tentait de comprendre ce que lui disait Mamie (la grand-mère maternelle), que sa mobilité réduite n'empêchait pas de causer à cent à l'heure. Papy (le grand-père maternel) était lui aussi parqué dans un fauteuil et donnait des ordres à Georges (le meilleur ami de Papa) qui poussait le sapin pour faire de la place aux chaises qu'apportaient Michel et Dominique (frère et belle-sœur de Maman). Romain (mari de Dorothée), qui avait d'abord supplié son épouse de ne pas se fatiguer, avait finalement jeté l'éponge et s'était éclipsé dans la chambre sous prétexte de « gérer le son » sur son ordi. À un bout de la grande et belle table qui faisait quasiment la longueur de l'appartement, Nana (la grand-mère paternelle, veuve) installait les serviettes brodées et conversait, de sa voix haut perchée, avec Kathy (la meilleure amie de Maman et l'épouse de Georges), qui ne savait pas où mettre les petits bols de gâteaux apéritifs. Quant à la cuisine, c'était un terrain miné, avec Dorothée qui aidait Pétronille à finir sa pièce montée composée de quatre-vingts choux de trois parfums différents et sa structure en nougatine.

Jules se tourna vers Jamel et dit :

— Pétronille m'a raconté que tu étais dans… les cartes au trésor. Pas commun, comme orientation professionnelle.

— Non… on peut dire que j'ai trouvé une niche, sourit-il.

Sur les instances des deux frères, Jamel leur expliqua sa formation d'infirmier, puis son intérêt pour le développement personnel et l'atelier qu'il animait à l'hôpital. Mamie écoutait soudain. Elle s'y connaissait en hôpitaux. Jamel expliqua qu'il avait dans son atelier des patients adolescents comme des personnes âgées et qu'il avait vu passer pas loin d'une centaine de cartes au trésor dans sa jeune carrière. Que c'était un moment privilégié pendant lequel chacun parlait de rêves de bonheur et qu'il adorait son travail parce que jamais il n'avait vu deux cartes au trésor qui se ressemblaient.

— Et… ça marche ? Il y a un *happy end* à ces cartes au trésor ou c'est juste pour passer le temps ? fit Jules.

— Ça marche, fit Jamel.

— C'est quoi, le secret ? demanda Silvia.

— Il faut y croire, c'est tout, répondit simplement Jamel.

— Dorothée ! cria Ulysse, pas de Petits Belins pour Jamel avant qu'il nous ait tout dit. On veut le *vrai* secret.

Jamel se rendit compte qu'une bonne partie de la famille écoutait.

— Bon, sous la menace du supplice des Petits Belins, je vais vous révéler le secret… L'explication scientifique est que chaque décision que nous prenons, consciemment et inconsciemment, quels que soient notre âge, notre origine ou notre numéro de Sécu, est dictée par notre quête du bonheur. Le bonheur au niveau vital, c'est simple : avoir un toit sur notre tête, assez à manger pour nous et notre famille et être protégés des attaques de nos voisins. Nous, les privilégiés, nous avons déjà tout ça, et c'est là que ça se complique. Nous poursuivons toujours ce bonheur, et nous le voulons, mort ou vif, mais finalement, on ne sait pas à quoi il ressemble. Alors on fait les moutons. On chasse le job qui rapporte, la grande maison, la belle voiture, parce que si c'est par là que tout le monde veut aller, c'est que ça doit être bien. On passe tous les mois par la case départ, on collecte deux cents points, et on tourne en rond, pour se retrouver à quarante-cinq piges avec une belle situation et une vie qu'a l'air de pas être à la bonne taille.

» Mais si on prend le temps de faire sa carte au trésor… Dans le secret d'un atelier, on dessine le portrait-robot du bonheur. Pas celui des Durand. Le nôtre. Sur mesure. On repart avec un beau collage qu'on met sur le frigo de la cuisine ou qu'on cache dans le tiroir de sa table de chevet. Peut-être qu'on l'oublie après. Mais notre tête, elle, a enregistré l'image. Et chaque fois qu'on aura une décision à prendre, le cerveau, qui a été programmé pour la poursuite du bonheur, penchera pour le choix qui se rapprochera le plus de l'image du bonheur sur le frigo. Il sera aussi être plus motivé pour choisir de sacrifier la voiture plus belle que celle des Durand, s'il a pour carotte le bonheur sur mesure. La carte au trésor donne une direction au cerveau, et lui, déjà programmé pour le trouver, il y va. Et un jour on se réveille et les rêves de la carte au trésor se sont réalisés. Voilà.

Il regarda furtivement ces étrangers bienveillants et ajouta, comme pour lui-même :

— Moi, je préfère dire qu'il faut y croire. C'est pas grand-chose, croire, c'est donné à tout le monde, il suffit d'y mettre du sien, de faire taire le bruit alentour, d'ouvrir les yeux et de voir sa bonne étoile. Les gens n'y croient pas, à leur bonne étoile, c'est dommage. Et ils ont tort, bien sûr. Elle est là pour chacun, seulement il faut prendre la peine de la chercher. Des fois, elle brille dans des trucs minuscules, des trucs de rien du tout. Une présence, par exemple. On est sept milliards sur terre et pourtant, par une espèce de miracle incompréhensible, il suffit d'une voix, d'un cœur, d'une façon de voir les choses pour tout illuminer d'un coup. J'en ai connu, des gens qui brillaient comme des fous alors que personne ne leur prêtait attention. Ils ont tellement compté pour moi qu'ils sont devenus ma Voie lactée. Ma famille. Enfin. Je deviens mélodramatique. Ce que je voulais dire, c'est que croire… croire, pour les patients, c'est tout ce qui reste dans la vie, quand il n'y a plus rien d'autre, et c'est déjà beaucoup.

Tout le monde s'était arrêté de parler, même Mamie, qui était d'habitude un moulin à paroles. Ulysse s'enquit :

— Qu'est-ce que tu vas mettre sur ta carte au trésor, Mamie ?

— Ah, mon pauvre pinson. Vous tous !

— OK, fit Ulysse à l'assemblée, alors, pour la carte au trésor de Mamie, photo ! Photo !

Les rires et les cris reprirent de plus belle mais furent interrompus par un juron. C'était Pétronille. Dorothée sortit de la cuisine et cria :

— Elle s'est encore brûlée avec le caramel !

— Personnel médical, laissez passer ! s'exclama Jamel qui se hâta en boitant vers la cuisine.

Pétronille rougit un peu quand elle vit Jamel, ou peut-être était-ce le caramel bouillant qui la réchauffait. Dorothée revint avec un pansement et Jamel l'appliqua sur la main de Pétronille. Il pouvait entendre les chuchotements derrière son dos, mais ce n'était pas grave, car il se sentait bien dans cette famille. On fit la photo pour Mamie, on aida Pétronille à finir sa pièce montée, on parla encore de cartes au trésor. Puis enfin la sonnette retentit. Tout le monde se cacha, dans un chaos indescriptible. On entendit des *chut*, et encore des *chut*, puis la voix faussement décontractée de Dorothée qui ouvrait la porte. Des bises dans le couloir, « Le périph est de pire en pire, ton père a insisté pour prendre par la porte des Lilas, que veux-tu ! », quelques pas dans le couloir, puis « SURPRISE !!! » et une éruption phénoménale de joie autant que de décibels.

Jamel, le cœur comme un ballon de baudruche, croisa, au milieu de cette famille ordinaire, le regard de Pétronille. Elle avait enlevé son tablier de pâtissière et défait ses cheveux. Elle portait une robe bleue. Elle était impressionnante.

pour [illegible] ses [illegible] sa prééminence
en place [illegible] la son
[illegible]
[illegible]
[illegible]
[illegible] dans [illegible]
est [illegible] de plus [illegible]
par [illegible] tout [illegible]
[illegible]
[illegible]

[illegible]
[illegible]
[illegible]
[illegible]
[illegible]
[illegible]
[illegible]
[illegible]
[illegible]
[illegible]
[illegible]
[illegible]
à [illegible]

[illegible]
[illegible]
[illegible]
[illegible]
Il [illegible] les gens [illegible]
les [illegible]
[illegible] pendant [illegible]
[illegible] une [illegible] à tenter,
[illegible] il se [illegible] vers le
[illegible].

51

Frédéric était toujours sur son banc, regardant la Seine qui coulait devant lui. Il avait froid, mais il n'avait pas le courage de rentrer chez lui. Tout semblait destiné à un autre dans sa vie : la femme qu'il aimait, sa carrière, son Sisley, son appartement. Demain, il irait au musée d'Orsay, terminus de ce voyage étrange. Il ne pouvait plus penser à quoi que ce soit d'autre. Des fantômes tourbillonnaient autour de lui, les mots d'étrangers résonnaient dans sa tête, le ciel de Paris se couvrait des dessins de Fabrice Nile. Des sirènes l'appelaient à ce rendez-vous de demain, il était enchaîné à des possibilités obscures.

Une odeur forte vint piquer ses narines. Un clochard s'était installé à l'autre bout du banc. Il devait avoir une cinquantaine d'années, mais comment en être sûr, avec ces hommes sans âge cachés dans leur barbe ? Il portait trois ou quatre blousons les uns par-dessus les autres et buvait à grand bruit une soupe dans un gobelet en polystyrène. Frédéric allait partir mais fixa la Seine. Oui, il avait une dernière chose à tenter, puisque l'occasion se présentait. Il se tourna vers le clochard et demanda :

— Excusez-moi de vous déranger, mais connaissiez-vous un certain Fabrice Nile ?

— Pourquoi que je le connaîtrais ?

— Il a, comment dire, fréquenté les bancs publics, alors je me suis dit que peut-être…

— C'est quoi son nom encore ?

— Fabrice Nile.

— Non, ça me dit rien. Fabrice Nile. Rien de rien. Fabricenilefabricenilefabricenile… Il était de Paname ?

— Je ne sais pas… mais ne vous en faites pas, ce n'est pas grave. Désolé de vous avoir dérangé, bonne soirée.

Frédéric se leva pour partir, mais l'autre n'allait pas laisser passer une occasion pour la causette, surtout par ce froid-là, et il lui dit :

— Attendez voir, on va demander à Luigi, lui, il connaît tout le monde.

Le clochard s'avança et cria à l'intention de la Seine :

— Luigi ! Hé, Luigi !

Ils entendirent alors un grognement qui venait de sous le pont.

— Hé, Luigi ! T'as-t'y entendu parler d'un Fabrice Nile ? cria l'homme, et sa voix se réverbéra sur tout le quai.

Personne ne répondit.

— Il est sourd comme un pot, fit le clochard. Il faut qu'on descende. Venez, venez, il va pas vous manger, Luigi. Et vraiment, il connaît tout le monde ici.

Frédéric suivit son guide dans l'escalier qui menait aux quais. Il n'avait aucune envie de se retrouver sous un pont, mais, finalement, Luigi sortit la tête d'une petite tente.

— Qu'est-ce que t'as à beugler comme un veau, Jean-Pierre ?

Luigi. Petit mais trapu, les cheveux en catogan désordonné, une grande cicatrice de l'oreille au menton et des yeux clairs.

— Sors de là, Luigi, le monsieur, il veut te parler, et on va pas salir son beau manteau. Dis, c'est pas vrai que tu connais toute la rue à Paname ?

— Ah, pour sûr, fit Luigi, avec un accent d'Europe du Sud. Tous les matous, tous les apaches, tous les dormeurs à la belle étoile, ils viennent voir Luigi. C'est quoi, le nom qui vous démange ?

— Fabrice Nile, fit Frédéric.

— Fabrice Nile. (Il regarda les étoiles un instant.) Le garagiste qui se prenait pour Picasso ? Le griffonneur de pattes de mouches ?

— C'est lui, fit Frédéric, se cramponnant aux paroles de Luigi.

À part Jamel, qu'il soupçonnait de ne pas dire tout ce qu'il savait, c'était la première fois qu'il rencontrait quelqu'un qui avait connu Fabrice Nile. Et cette fois, cela ne pouvait être qu'un hasard. Personne n'aurait pu deviner qu'il serait sur ce banc ce soir-là.

— Pouvez-vous me dire ce que vous savez sur lui ? demanda Frédéric.

— Oh, je peux, je peux : ça lui causera pas de souci qu'on parle de lui. Parce que, le pauvre vieux, il est mort, il y a un mois. C'était un bon gars. Un qu'a eu de la chance. Il s'était trouvé un coin douillet à Pontoise. Il passait des vacances à l'hosto et, là-bas, il en avait profité pour se faire plein de potes. Mais il revenait de temps en temps nous voir ici.

— Vous souvenez-vous de ses amis ?

— Celui dont je me souviens le mieux, c'est un

grand Noir qui parlait avec comme qui dirait des majuscules. Il y avait un Arabe qui boitait, aussi. Et puis un gars un peu plus vieux, avec un nom de philosophe qui serait devenu acteur de vaudeville, voyez le genre ? Hippolyte… non… Virgile… non… Alceste ?

— Ernest, fit Frédéric.

— C'est ça. Ernest, c'est quand même drôle, ce nom, non ?

— Quel âge, cet Ernest ?

— La soixantaine avancée. Je me souviens de lui, il…

Frédéric le coupa brusquement :

— Est-ce que vous savez s'ils trafiquaient ?

Luigi le regarda soudain de travers.

— Et ça intéresse qui, leur affaire ? Luigi, c'est pas une balance.

— Je ne suis pas de la police. Mais les amis en question, ils essaient de me refiler quelque chose et je veux savoir si c'est net ou pas. Alors, est-ce qu'ils faisaient du trafic ?

— Que voulez-vous qu'ils aient trafiqué, ces bonshommes ?

— Des tableaux, par exemple.

Luigi fit la moue. Frédéric ajouta :

— Recel de tableaux de maîtres.

— Non, non, fit le clochard. C'était pas le genre à magouiller, Fabrice. Ou, en tout cas, pas pour du lourd comme ça. À y réfléchir, y faisait plutôt même dans le léger. Enfin…

Il se mit à rire.

— Qu'est-ce qui vous fait rire ?

— Maintenant qu'on en cause, j'ai des choses qui me reviennent. Ils avaient parlé d'un trafic… de bouffetance. Des Pépitos. Le Noir et l'Arabe, ils s'occupaient des gamins malades à l'hosto de Pontoise, et ils leur refilaient des Pépitos, parce qu'ils disaient que la cantine, c'était pas Byzance.

— Du trafic de Pépitos, ça envoie pas un homme au violon…, dit Jean-Pierre.

— Ça, c'est sûr, dans la bande à Nile, y en avait pas un qu'avait fait un jour de taule. C'était des Monsieur Propre. Alors fourguer des tableaux de maîtres, ça me semble un brin trop costaud, vu le profil de l'équipe.

Frédéric en avait entendu assez.

— Merci, fit-il en cherchant un billet dans sa poche. (Il tendit à Luigi un billet de dix euros.) Pour l'info.

— Ah, je mange pas de ce pain-là, moi. Qu'on se le dise : Luigi, c'est pas un mouchard…

— Moi je prends, l'interrompit Jean-Pierre, pour le loyer de mon banc. Dans le septième, ça coûte. Enfin, si on a pu vous dépanner… J'vous l'avais dit, c'est comme une grande famille, la rue, et Luigi, c'est le parrain. Ah, tiens, v'là les Peaux-Rouges….

Des jeunes volontaires de la Croix-Rouge descendaient les marches. Ils faisaient leur ronde les nuits froides pour convaincre les sans-abri de les suivre dans les centres d'hébergement. Les deux hommes allaient pouvoir causer encore. Frédéric salua Jean-Pierre et Luigi et se dirigea vers le pont des Arts.

Il entendit derrière lui :

— Eh, l'ami, joyeux Noël !

Frédéric se retourna et leur fit un signe de la main.

Il marcha encore longtemps, les mains au fond des poches. Il tripotait nerveusement la clef du cadenas de Marcia qui s'y trouvait. Ses pensées, plus que ses pas, le menaient le long de la Seine. Alors c'était ça, le secret. Bien entendu, son père était dans le coup. Bien entendu, il n'y avait pas de tableau. C'était un grand piège et il était tombé dedans. Il l'avait soupçonné depuis le début, et pourtant il avait été aveuglé par ces peintures.... Par Monet et son génie, par les silhouettes de Sisley, par son amour inexplicable pour ces scènes d'hiver. C'était son talon d'Achille, et la bande de Fabrice Nile l'avait su. Il avait été joué par ce père qui avait été assez malin pour faire croire qu'il n'avait jamais fait de prison. Car il en avait fait, bien sûr... Mais en était-il vraiment sûr ? Frédéric se sentit de nouveau angoissé, pris par cette peur du lendemain qui effaçait tant de certitudes. Il songea à Fabrice Nile qui avait fait tellement de ravages dans sa vie. Et à tout ce qu'il était en train de perdre. Il était arrivé au pont des Arts.

Il trouva rapidement le cadenas de Marcia, qu'il détacha. Puis il prit les clefs dans sa poche et les lança, avec le cadenas, de toutes les forces de ses bras et de son âme dans le fleuve glacé qui coulait sous le pont.

Il était tout rouge, Frédéric, et son cœur brûlait dans sa poitrine. Mais il avait vu le cadenas disparaître dans la Seine et un petit vent de bien-être était venu balayer ses pensées. Désenchaîné. Il repensa alors à cette poubelle enneigée au jardin de Bagatelle. S'il y avait déposé sa boîte, il serait tellement plus heureux à présent. Il serait son bon vieux lui-même, sans tous ces étrangers qui lui soufflaient de changer de vie. Il n'y aurait plus de trains habités de fantômes ni de jardins hantés. Et la solution lui apparut, toute ronde et toute claire : ne pas aller au musée d'Orsay. Il était encore maître de ses jours. En trente ans, il avait enterré son père dans un recoin lointain de son âme et ça aussi, il l'avait choisi. Il ne voulait pas le connaître, il ne voulait pas connaître ceux qui le connaissaient. Désenchaîné de son père comme il l'avait toujours voulu, désenchaîné de tous, il avait sa vie à vivre, et il voulait la retrouver, comme un habit en flanelle douce, qui lui allait si bien. Il allait redevenir Frédéric Solis, avocat brillant et collectionneur d'art, sans père et sans enfant, éditeur de sa vérité personnelle et architecte de sa vie.

Une heure plus tard, Frédéric se trouvait à la fenêtre de son appartement, dans l'air glacé de cette nuit d'hiver, à brûler dans un seau en fer les quatre tickets de Fabrice Nile et la lettre du notaire. Alors que les cendres de ce voyage imprévu virevoltaient au-dessus des toits de Paris, Jamel reçut un message sur son Smartphone :

> Je n'irai pas au musée d'Orsay demain. Prière de ne plus me contacter.
>
> Frédéric Solis.

52

8 heures du matin. Jamel était déjà au chevet d'Ernest. Il venait de parler au médecin qui ne savait plus quoi dire. Ernest avait déjà survécu plus longtemps qu'il ne l'avait pronostiqué mais il n'y avait plus rien à faire. Attendre. Prier pour un miracle. Attendre encore. Faire comme si de rien n'était. Vivre comme d'habitude.

Jamel regardait Ernest, ses joues creuses et ses yeux fatigués qui arrivaient tout de même à sourire. Il se demandait s'il fallait lui dire, pour Frédéric. Lui dire qu'il n'y avait plus aucune chance. À quoi bon ? réfléchit Jamel. Pourquoi ajouter de la douleur sur ses épaules ? Les faux espoirs avaient du bon, en fin de compte. « En fin de compte ». Oui, on y était bien, à la fin du compte.

Mais Ernest fit :

— C'est vrai qu'il va avoir un petit ?

Jamel resta silencieux un moment. Pas la peine de prétendre qu'il ne savait pas de qui parlait Ernest. Il hocha la tête.

— Tu te rends compte, Jamel, je vais être grand-père. Grand-père, moi…

Du silence passa encore entre eux. Ernest regarda son bras tout violet puis murmura :

— Tu l'as vu, n'est-ce pas ?

— Oui.

— Il se porte bien ? Il est heureux ?

— Oui. Oui, je pense.

— Bien.

Puis Jamel murmura :

— Je ne le reverrai pas.

— Ah bon, fit Ernest.

Et Jamel put voir une ombre, ou plutôt le reflet dans ses yeux d'une imperceptible douleur dans son âme.

Contre son gré, il s'entendit dire :

— J'aurais tant aimé que tu puisses le voir, mais…

Pour toute réponse, Ernest prit la main du jeune homme.

— Tu sais, Jamel, la vie est une petite chose fragile. Parfois, on tire un fil et tout se détricote. Frédéric, lui aussi, a dû faire des choix difficiles. Chacun son chemin.

Et il baissa les yeux, comme pour dire que le sien s'arrêtait là.

Jamel aurait aimé lui dire que Frédéric avait tort, qu'il le détestait de ne pas vouloir savoir, que c'était injuste. Qu'il avait monté tout un complot autant pour avoir un frère que pour lui donner un fils, qu'il avait peur de la solitude à en crever et qu'il aurait sacrifié toute sa fortune pour ajouter des pas au chemin d'Ernest, mais les mots avaient du mal à sortir ce matin. Cette putain de gorge qui se nouait chaque fois qu'il regardait le malade.

Ernest fit signe à Jamel de lui passer son album photos.

— Te souviens-tu de la carte au trésor de Fabrice ?

Il sortit un cliché semblable à celui qui figurait sur le mur de l'atelier : Fabrice, souriant de toutes ses dents, montrant fièrement son dessin.

— Oui… je l'ai donnée à Frédéric.

— Je sais.

— Comment tu le sais ?

Ernest fit un geste pour dire que ça n'avait pas d'importance.

— Pourquoi la lui as-tu donnée ? demanda-t-il.

— Parce que… parce que les rêves de Fabrice, je voulais pas qu'ils se perdent. Toutes ces choses qu'il voulait, moi je les trouvais belles. C'était pas grand-chose, mais en même temps c'était tout. L'essentiel. Je pensais que Frédéric, lui qui possédait tout… aurait peut-être fait de la place pour ces rêves-là. Et qu'il t'aurait…

— Où vois-tu des rêves, Jamel ? l'interrompit Ernest.

Jamel, interdit, lui montra la photo.

— Ben là, partout, c'était sa carte au trésor.

Ernest sourit.

— Regarde bien. La voiture qu'il a dessinée, là. Ce n'est pas la vraie. C'est le petit modèle que lui avait offert Maurice. Les marguerites, ce sont celles de la cantine. La dame dans un cadre en cœur, c'est celle du cadre que Maurice a toujours sur lui. La vérité, c'est le leitmotiv de Gilles, la tolérance, notre credo, et le jardin était à l'origine de toutes nos histoires, comme l'amour. Quant à ces cartes à jouer, tu te souviens que Fabrice avait toujours des figures lorsque nous jouions au rami ? Ou finalement, c'était peut-être nos rois à nous, Bertrand, Gilles et Maurice. Et le joker, le plus fantasque, le plus rêveur, ça a toujours été toi. Jamel, tout ce qu'il y a sur cette carte, c'est l'hôpital, nous tous. C'était son présent. Fabrice avait arrêté de se projeter. Il avait fait la paix avec la vie, il avait fait la paix avec ses regrets – avec ses rêves aussi.

» Et moi aussi, j'ai fait la paix, Jamel.

— Mais je veux pas que tu la fasses !

La phrase était partie toute seule.

— Ou pas… pas encore, ajouta-t-il.

Pour toute réponse, Ernest sourit. Les deux hommes se regardèrent. Jamel aurait voulu dire tant d'autres choses, mais ses yeux ne voulaient pas de larmes, alors il fallait choisir entre des mots inutiles et un cœur qui débordait ou un silence qui forçait le destin à attendre encore un peu. Jamel ne voulait pas d'adieux. Pas maintenant. Pas comme ça. Pas avec ce fils, là-bas, qui pensait que ce père-là était un bon à rien alors que c'était le meilleur qui soit.

Tandis que le regard d'Ernest se perdait dans la neige, dehors, Jamel entrevit une autre chance. La der des ders.

53

Pétronille était en pyjama dans son appartement. Vingt minutes plus tôt, elle avait parlé avec Jamel. Puis elle avait demandé conseil à Dorothée. À présent, elle était seule devant son ordinateur. Elle avait écrit un e-mail à Frédéric, sous la dictée de Jamel. Maintenant, il lui fallait cliquer sur le bouton Envoyer. Mais elle hésitait. Était-ce la bonne chose à faire ? Était-ce juste, charitable, bienveillant ? Jamel ne lui avait pas forcé la main. Il avait été clair sur le fait qu'elle ne devait le faire que si elle était certaine de ne pas le regretter plus tard. Il l'avait assurée qu'il n'y avait pas de mensonge dans ce message. Elle le croyait, mais… Sa souris survola un instant le bouton. Elle ne cliqua pas aussitôt et relut le message pour la vingtième fois :

Cher Frédéric,

Je vous écris car je viens de recevoir des informations sur Fabrice Nile. Elles arrivent un peu tard, mais peut-être vous seront-elles utiles.

Même s'il était connu des services sociaux en tant que sans domicile fixe, il semblerait que Fabrice Nile ait résidé au 25, villa de Saxe, 75007 Paris, par intermittence entre 1995 et 2012. Ce qui est notable est que l'un des résidents de cette adresse était M. Simon Offenbach. M. Offenbach, d'origine américaine, est référencé sur maints sites web comme ayant été l'un des premiers mécènes de la fondation Claude-Monet à Giverny. Sa famille, établie à New York, avait possédé plusieurs toiles du peintre jusque dans les années 40. Il semblerait que M. Nile et M. Offenbach aient cohabité de 1995 à 2001 (année du décès de M. Offenbach). J'ai vérifié, il s'agit bien d'une seule et même habitation dans un hôtel particulier, et non pas d'appartements séparés. Vous trouverez en pièces jointes une facture au nom de M. Nile et plusieurs articles sur M. Offenbach.

En vous remerciant à nouveau pour la lettre de recommandation que vous avez eu la gentillesse d'écrire et en vous souhaitant bonne continuation,

Bien à vous,

Pétronille

Pétronille attendit encore, fit le tour de son appartement, regarda sa carte au trésor et cliqua sur Envoyer.

De l'autre côté de Paris, Frédéric ouvrait sa messagerie électronique. Les mots « 25, villa de Saxe, 75007 Paris » lui sautèrent aux yeux. C'était l'adresse à laquelle il avait retourné l'enveloppe jamais ouverte que lui avait envoyée son père dix-sept ans plus tôt.

54

Au volant de sa voiture, Jamel était en route pour le musée d'Orsay. Ou plutôt, coincé dans les embouteillages. À la radio, on parlait du périphérique bloqué à cause de la neige, cette neige qui n'était pas tombée comme ça depuis plus d'un siècle. Mais Jamel n'écoutait pas. Il repensait à Ernest. Ernest, paralysé de douleur, qui, après avoir entendu Jamel lui dire qu'il allait tout de même au musée d'Orsay, avait demandé à l'accompagner. Bien sûr, il s'y était opposé. Ernest était à peine capable de marcher jusqu'à la porte de sa chambre, alors le musée d'Orsay…. Jamel avait eu des mots avec Gilles, qui, lui, voulait qu'on laisse Ernest y aller, disant qu'il valait mieux crever au musée d'Orsay que dans un lit d'hôpital. Il s'emportait en parlant d'acharnement thérapeutique. Jamel avait serré les dents et remis Gilles à sa place. La vérité était qu'il ne savait pas si Frédéric allait venir et qu'il ne voulait pas prendre le risque d'infliger cette dernière déception à Ernest.

Mais ce qui l'attristait le plus, c'était ce que lui avait dit Ernest le matin même. Il avait parlé de paix. Jamel ressentait une certitude terrible. Aujourd'hui était le dernier jour. Il avait beau essayer de toutes ses forces de rejeter cette intuition, elle s'imposait à son esprit.

55

Marcia Gärtener gara son coupé sur le parking de l'hôpital. Elle avait promis à Jamel qu'elle réfléchirait, et elle avait réfléchi. Ernest Villiers était le grand-père de son enfant. Elle se rappelait ses propres grands-parents, dont elle chérissait le souvenir. Elle voulait annoncer à cet Ernest qu'il allait être grand-père, surtout après l'injustice qui avait bouleversé la vie de cet homme. L'histoire de Jamel l'avait touchée. Ce monsieur était terriblement malade, au moins, sa visite lui ferait plaisir… Oui, elle avait bien fait de venir, en dépit des crampes qui lui contractaient le ventre depuis le matin.

Elle se présenta à la réception et, quelques minutes après, frappait à la porte de la chambre 312. Silence. Elle frappa à nouveau. La porte était ouverte, elle la poussa.

Devant elle se trouvait un lit défait. Vide. Elle vit des affaires personnelles mais personne n'occupait la pièce. Jamel lui avait pourtant dit qu'Ernest ne pouvait plus quitter son lit et que les médecins avaient arrêté tout traitement. Ernest Villiers était-il… mort ?

Cette pensée lui serra le cœur. Mais avant qu'elle ait pu questionner les infirmiers, Marcia sentit son jean devenir tout chaud. Elle regarda ses pieds. Ils étaient trempés. Comme si on avait ouvert un robinet. Elle perdait les eaux.

56

Il est un petit bout de Seine où, si on tend l'oreille, été comme hiver, on peut distinguer le refrain des guides des bateaux-mouches : « … sur votre droite, le jardin des Tuileries, le plus grand et le plus ancien jardin à la française de notre ville. Et sur votre gauche, mesdames et messieurs… » Une centaine de paires d'yeux découvrent alors un bâtiment clair, gigantesque et magnifique, orné d'étendards colorés claquant au vent. « Le musée d'Orsay. »

Parmi les touristes des bateaux-mouches, certains font escale au musée. Ils montent les marches depuis les quais et rejoignent les autres nombreux curieux qui font la queue pour voir ses trésors. Sous l'horloge immense qui orne la façade, ils ont l'air de fourmis.

Une fois à l'intérieur, le visiteur doit ajuster son regard. Le hall principal est si vaste qu'il semble défier les règles de la gravité. Oui, autrefois, ici on prenait le train. Aujourd'hui, on y emmagasine de l'émerveillement pour toute une vie. On y flâne, au gré de ses envies, se perdant entre les sculptures nées des doigts des plus grands. Puis on finit toujours par monter l'escalier de fer, par s'approcher de la grande horloge. C'est là que se trouve l'or d'Orsay : la plus grande collection d'œuvres impressionnistes du monde.

C'est là qu'a lieu la magie. Tous les autres musées, on y va pour découvrir. Parfois même pour apprendre. Pas ici. Ici, on reconnaît. D'où que l'on vienne, on retrouve en ce lieu de vieux amis. La petite danseuse de Degas, le bal de Renoir, la chambre de Van Gogh. Comme si ces tableaux et nous avions des souvenirs communs. Celui-là, il y en avait une reproduction dans la salle à manger de l'oncle Paul avant qu'il vende sa maison. *Le Déjeuner sur l'herbe* de Manet, les *Cathédrales* de Monet, *L'Été* de Pissarro. Celui-là, je l'avais sur mon agenda, ma dernière année de fac. *La Neige à Louveciennes* de Sisley, les Tahitiennes de Gauguin, les oranges de Cézanne. Celui-ci, c'était le préféré de Maman, t'en souviens-tu ? On pourrait les tutoyer, tellement on les connaît et tellement on est heureux de les voir ici. Et dire que ce sont les vrais !

On flâne, on se faufile entre les autres visiteurs, on regarde de près. On aimerait les toucher, comme pour serrer la pince à l'artiste. Mais on n'a pas le droit, alors on prend une photo sans flash.

Et il n'est pas rare qu'entre tous, un de ces tableaux amis nous retienne et nous invite à rester un moment. Oh, ce tableau aussi, on le connaît, on l'a vu très souvent. C'est une petite toile qui semble vouloir nous dire quelque chose à l'oreille. On ralentit. On se pose devant, des fois en penchant la tête. Puis on devient tout silencieux à l'intérieur.

Le temps d'un regard, on oublie le départ du bateau-mouche, le mal aux pieds, et même l'horloge gigantesque qui tictaque au-dessus de nos têtes. Mais tout passe, même les instants de grâce. Il faut y aller, si on veut voir le reste de Paris. Mais, de retour chez nous, on pourra dire que la plus belle peinture du musée d'Orsay, c'est cette petite toile toute pâle, toute douce. *La Pie,* de Claude Monet.

La Pie voyait les gens passer. S'arrêter puis repartir. C'était comme ça ; elle le savait bien, elle, que tout passait. Mais cet après-midi-là, il y avait un homme qui la regardait et ne partait pas. Lui aussi se rappelait ce tableau. Oh, oui, il se le rappelait. Il avait les poings serrés, son cœur battait comme une bombe à retardement. Cet homme, c'était Frédéric Solis. Il était 14 heures précises, dans la salle 29 du niveau 5. Sous *La Pie*, un numéro : RF 1984 64.

57

À quelques pas derrière ce visiteur au regard intense se tenait quelqu'un qui voyait dans l'ombre de Frédéric la silhouette d'un petit garçon en pyjama de flanelle. Quelqu'un qui avait encore un peu de paix à sceller, quelqu'un que des amis avaient amené là parce que c'était le seul endroit de la Terre où il devait être avant de partir ailleurs. Quelqu'un qui, oubliant la douleur de sa maladie, avançait vers cet homme-enfant. Son enfant.

58

À l'hôpital de Pontoise, des sages-femmes palpaient la belle dame qui avait perdu les eaux dans la chambre du patient échappé. Marcia pouvait entendre des conciliabules derrière la porte. La plupart des termes, elle ne les comprenait pas, mais on parlait aussi d'un accident sur le périphérique, de la neige qui s'était remise à tomber. Finalement, un médecin arriva dans la chambre, lui sourit et lui dit qu'il serait trop risqué pour elle de rentrer à Paris, avec cette météo imprévisible et les difficultés de circulation en Île-de-France, mais qu'on s'occuperait bien d'elle ici. Voulait-elle avertir le père de l'endroit où elle allait accoucher ? Marcia se rebiffa, prise de panique. Il était hors de question que qui que ce soit d'autre l'accouche que le médecin qui l'avait suivie depuis le début de sa grossesse. Ne pouvait-on l'emmener en ambulance jusqu'à la clinique parisienne où il exerçait ? Le docteur cessa de sourire. On appellerait son médecin, mais elle ne devait pas quitter cette chambre. Car le bébé ne se présentait pas bien.

59

Frédéric fixait le tableau. Il lui semblait être en proie à une forte fièvre. Tous ses sens étaient en ébullition, tout son corps se pétrifiait. La foule se pressait devant *La Pie*. Tels un flux et un reflux passaient les vagues tièdes des étrangers qui se frottaient à lui puis laissaient la place à d'autres. Il entendait des bribes de conversation qui naissaient près de lui puis s'évanouissaient aussi vite. Il serrait les dents et n'osait regarder personne.

Frédéric Solis avait peur.

Soudain, se détachant du bruit de la foule, il entendit une voix qui semblait venir de très loin :

« C'est comme si le peintre te disait, vite, vite, regarde ces couleurs que le ciel nous donne. Vite, vite, cueille ces belles choses et garde-les dans ton cœur. Vite, vite, aime ce jour qui passe. Vite, vite, avant que la pie ne s'envole. »

Son père ! Il reconnaissait sa voix, il s'en souvenait à présent ! Quand ils regardaient ensemble les calendriers, ce père oublié lui soufflait les messages mystérieux que les peintres avaient cachés sous les couleurs. Frédéric, petit garçon ordinaire à qui les géants de l'art parlaient, se souvenait subitement de ces secrets délicieux qu'ils égrenaient rien que pour lui par la voix de son père. En ce décembre-là, ce décembre de malheur, c'était justement *La Pie* qui veillait, dans le salon, près du sapin. Oui, Frédéric avait reconnu son père. Il se retourna pour le chercher mais un groupe de touristes chinois l'encercla. Se haussant sur la pointe des pieds, de ses yeux écarquillés il chercha partout dans la salle l'homme qu'il avait vu pour la dernière fois plus de trente ans auparavant. Mais il n'aperçut qu'un père de famille indien, des retraités dans un groupe, un gardien qui s'endormait sur une chaise, des businessmen en cravate. Aucun de ces hommes n'était son père. S'était-il volatilisé comme en ce Noël 1979 ? Fréderic croisa bien le regard d'un vieillard impotent aux yeux humides, à qui il aurait voulu demander : Avez-vous vu mon père ? Mais à ce moment-là, d'un côté de ce couloir sublime, immobile au milieu de la foule, il vit Jamel. Avec à la main une mallette en cuir.

60

Jamel ne vit pas Frédéric qui se pressait vers lui. Il regardait derrière celui-ci, de l'autre côté de l'enfilade de pièces, Ernest qui avançait de quelques pas pour suivre avec ses béquilles ce fils qui s'échappait à nouveau. Il savait, Jamel, combien de force d'âme il fallait à cet homme pour faire ces quelques pas. Mais, alors que Frédéric était presque arrivé devant lui, Jamel vit les jambes d'Ernest céder lentement sous lui. Gilles et Bertrand, surgis de derrière une cloison, le retinrent dans sa chute. Ernest murmura quelque chose dans l'oreille de Bertrand, qui hésita et regarda Gilles. Puis les trois hommes s'éloignèrent dans la foule. Mais, avant que Jamel puisse voir vers où ils se dirigeaient, Frédéric s'était campé devant lui. Il n'avait rien vu de ce qui s'était joué derrière lui.

Jamel le regarda sans pouvoir dire un mot. Tout ce qu'il avait répété, il l'avait oublié. Il se contenta de lui tendre la mallette et lui dit enfin :

— C'est à toi.

— En échange de quoi ? fit Frédéric.

— De rien. En échange de rien.

Jamel s'apprêtait à partir mais s'arrêta dans son élan et dit :

— Peut-être que, dans quelques heures, tout ça n'aura plus de valeur. N'attends pas.

61

Frédéric se retrouva seul au milieu de la foule. Jamel avait disparu dans le musée et il ne l'avait pas suivi. Il serrait la mallette dans sa main froide et se mit à marcher. Mais pour aller où ? Il devait s'isoler pour ouvrir la mallette. Jamel avait dit de ne pas attendre. Ses pas le conduisirent au salon de thé du musée. Des dizaines de touristes s'affairaient autour des tables, leurs silhouettes découpées comme des ombres chinoises devant l'immense horloge dont le ciel de Paris remplissait le cadran. Frédéric perdit soudain ses repères – cette horloge ne pouvait pas être celle qui surplombait le hall aux sculptures. Ce devait en être une autre, aussi gigantesque. Il fit demi-tour et s'égara encore dans les galeries. Tout au bout du bâtiment, il s'arrêta devant un paravent qui barrait au public l'accès d'une salle sombre. On devait y préparer une exposition. Frédéric se faufila derrière le paravent dans un salon où étaient empilés chaises et tréteaux. Il fit quelques pas et découvrit, derrière un autre paravent, une autre horloge géante, la troisième du musée, qui donnait, en transparence, sur la Seine. Personne ne viendrait le chercher ici. L'horloge constituait comme une fenêtre. Il s'assit sur son rebord.

Et, les doigts tremblants, il ouvrit la mallette.

Il resta longtemps immobile, la respiration coupée, fixant l'image qui en tapissait le fond. *La Pie*, de Monet, sur une moitié de la double page du calendrier de décembre 1979. Sur l'autre, l'écriture de ses parents et de Frédéric, la dernière fois qu'ils avaient été réunis. Y figuraient le rendez-vous à Giverny, les rendez-vous de sa mère, et Frédéric y avait écrit « Papa Noël » le 25. La page toute cornée, toute jaunie qu'elle fût, était une capsule qui remontait le temps jusqu'à cette époque où tout était ordinaire. Frédéric toucha le calendrier, imaginant peut-être que l'horloge derrière lui repartirait en arrière et s'arrêterait en décembre 1979.

Puis il vit une enveloppe qu'il reconnut. C'était celle qu'il n'avait pas voulu ouvrir dix-sept ans auparavant. Il fixa la Seine, dehors. La neige continuait de tomber. Repensant aux mots de Jamel, « N'attends pas », il déchira l'enveloppe et se mit à lire.

Tout était là. Sur une dizaine de pages, son père avait écrit sa vie. La rencontre de Simon à Giverny, le choix impossible lors de l'ultimatum de sa femme, les cadeaux retournés chaque Noël, ses vingt années de grand amour et de grande douleur. *Souviens-toi de ce bel amour / Qui cachait l'hiver en son sein.* Son immense fierté pour ce fils qui avait si bien réussi. Il y avait aussi un infarctus, la rencontre d'un petit gars qui s'appelait Jamel et qu'il avait un peu adopté et la décision d'écrire cette lettre. Frédéric continuait de lire, comme en apnée. Son père lui proposait de le rencontrer au musée d'Orsay l'hiver suivant pendant les vacances de Noël. Quelle avait dû être sa déception lorsqu'il avait reçu la lettre retournée à son expéditeur. Frédéric fixa l'obscurité de ce bout de musée à l'abandon.

Pourquoi n'avait-il pas ouvert cette lettre, sur la pelouse radieuse du campus de Harvard ? Pourquoi avait-il enterré la réalité sous un monceau d'illusions amères ? Enfin, les larmes vinrent, les larmes du petit garçon, celles qui avaient été absentes en ce matin de Noël 1979, elles vinrent, là, sous cette grande horloge du musée d'Orsay.

Soudain, il comprit : le vieillard malade qu'il avait vu tout à l'heure, c'était son père. Oui, ça devait être lui. S'il ne se trouvait plus devant *La Pie*, il serait à l'hôpital de Pontoise. Il était encore temps.

À ce moment-là, un des gardiens du musée d'Orsay qui faisait sa ronde surgit de derrière le paravent. Les deux hommes furent aussi surpris l'un que l'autre et Frédéric sauta de son perchoir sous l'horloge. Quelques minutes plus tard, il courait dans les rues de Paris, bravant la neige qui fouettait son visage.

62

17 h 07, le 24 décembre

Frédéric courait à travers les couloirs du RER, le visage luisant de sueur, les tempes battantes, et son esprit lui montrait toujours les mêmes images : une horloge géante et un océan de fleurs fanées.

Une ambulance hurlante arriva à l'hôpital de Pontoise. Sur la civière, inconscient, Ernest. L'ambulancier, Bertrand, Maurice et Gilles se pressèrent autour de lui, un médecin hurla au visage de Jamel qui tenait la main d'Ernest.

Dans la salle d'accouchement où se trouvait Marcia, une sonnette d'alarme retentit. Une autre sage-femme accourut. Marcia ne savait pas ce qui se passait, mais elle essaya de se concentrer sur la douleur immense qui avait investi son corps. On rappela le médecin en urgence.

63

18 h 09, le 24 décembre

Frédéric fit irruption dans le hall de réception de l'hôpital de Pontoise et demanda la chambre d'Ernest Villiers. La jeune réceptionniste parut mal à l'aise et se tourna vers sa collègue :

— M. Villiers, il est où, maintenant que…

Sa collègue murmura des choses que Frédéric ne put comprendre. Mais finit par lui dire :

— 312. Troisième étage.

Il monta l'escalier quatre à quatre et se précipita dans le couloir. Enfin, il vit la chambre 312. Et là, il s'arrêta. Il courait depuis plus d'une heure. Depuis la salle abandonnée du musée d'Orsay, son cœur avait porté ses jambes. À présent il était devant cette porte. C'était la dernière porte à ouvrir de ce si étrange calendrier de l'avent. Mais il n'arrivait pas à la pousser. Comme il restait là, pétrifié, devant le numéro 312, il entendit une voix dans son dos.

— T'as fait le plus dur, mec.

Il se retourna. C'était Gilles, qui le regardait du haut de ses dix-sept ans, avec son bonnet à tête de mort et son tatouage au bras. Derrière lui se tenaient

Bertrand, qui ne disait rien, et Maurice qui hochait la tête. Tous les trois le regardaient.

Frédéric posa les yeux sur la poignée de la porte. Oui, il avait fait le plus dur. Qu'est-ce qui avait été plus dur, le Noël 1979, les trente ans sans son père ou la lecture de la lettre, une heure plus tôt ?

Ses doigts se refermèrent autour de la poignée, et il poussa le battant.

Dans la chambre, il vit d'abord Jamel. Puis le vieillard d'Orsay, les yeux clos, gisant sur le lit, entouré de machines, de tubes, de câbles et de médicaments. Jamel se retourna, lui sourit, fit quelques pas vers lui, lui tapota l'épaule et sortit de la chambre.

Frédéric ne savait pas si son père était endormi ou inconscient. Il savait juste qu'il était vivant, il voyait sa poitrine se soulever tout doucement. Il attendit quelques minutes et s'assit enfin à côté de lui. Ernest n'avait toujours pas ouvert les yeux. Peut-être pour savoir s'il était endormi, il dit :

— Papa ?

Ernest ne bougea pas. Mais Frédéric, lui, sentait ce mot lointain se réverbérer partout dans son âme.

— Papa, tu… tu peux m'entendre ?

Rien ne se passait. Frédéric baissa la tête. Peut-être était-il trop tard, déjà.

— Je viens de lire ta lettre. Si j'avais su… Mais je n'ai jamais voulu savoir, c'est ma faute. Ce Noël-là, quand j'ai demandé où tu étais, on m'a dit que tu étais en prison. Que tu avais fait quelque chose de très grave… Mais j'ai pensé à toi. Quand tu es parti, le calendrier avait disparu aussi. J'ai fait une scène à Maman parce qu'on avait pris le calendrier avec l'oiseau dans la neige, alors Mamie et Papy m'ont acheté une carte postale. Je l'ai toujours.

Le silence enveloppa à nouveau la chambre sombre. Frédéric détourna les yeux, sans les poser nulle part. Il sentit des mots s'échapper et n'eut pas la force de les rattraper.

— Tu sais ce que je préfère, dans ce tableau ? Tout le monde voyait l'oiseau, mais moi… moi, je voyais les pas dans la neige, tu sais, ceux qui partent de l'ombre de la pie et qui sortent du tableau. Pour le petit garçon que j'étais, ces pas, c'étaient les tiens. Tu sais, il n'y a que dans la neige qu'on peut voir la trace des gens qui sont partis.

Il s'arrêta pour reprendre son souffle. Ernest ne bougeait toujours pas. Frédéric continua à laisser sa voix dire ce qu'elle avait à dire.

— Beaucoup de personnes ont dû se demander pourquoi je ne posais pas de questions. C'est parce que, dans mon souvenir, tu étais Papa, fait pour moi. Tu étais au chaud dans mes souvenirs et je ne voulais pas qu'on y touche, personne, pas même toi. J'étais orphelin, mais au moins j'avais de belles images dans la tête. Je sais à présent que c'était une erreur. J'ai manqué de courage, c'est tout. Pardonne-moi.

À ce moment-là, Frédéric entendit un murmure essoufflé :

— Tu as eu le courage de devenir celui que tu es à présent.

Il leva la tête et vit Ernest qui le regardait. Sa poitrine se soulevait plus violemment. Sa voix était chevrotante, et pourtant il y avait dans ce corps-là une tranquillité profonde qui semblait imprégner tout l'air de la pièce.

— Tu as eu le courage de ne pas donner à mon absence la responsabilité de tes fautes. Le courage de suivre ce chemin étrange que Jamel a tracé. Le courage de venir ici dans cette chambre. Je suis très fier d'avoir donné au monde un garçon aussi courageux.

Frédéric voulut parler mais, cette fois, ce fut le silence qui s'empara de sa gorge.

Ernest reprit :

— Tu sais, Frédéric, pour nous, c'est trop tard.

Voyant que son fils voulait objecter, Ernest ferma les yeux pour lui intimer le silence et reprit :

— Oh, ça ne sert à rien de se battre, la vie en a décidé ainsi. Elle décide de beaucoup plus de choses qu'on ne le pense, tu sais. Par exemple, ce petit qui va naître, ici, dans cet hôpital, crois-tu que c'est une coïncidence ?

— Quel petit ?

— Le tien.

— Marcia est ici ? fit Frédéric, interloqué.

— Oui, elle est déjà en salle d'accouchement.

Frédéric semblait prêt à partir, mais son corps se ramollit et il regarda ses mains de nouveau. Ernest, lui, ne quittait pas son fils des yeux. Enfin, le vieil homme dit :

— Pour toi et moi, tout est joué. Nous ne pouvons qu'apprécier le temps infime qui nous reste. Mais toi, tu as un choix à faire aujourd'hui. Tu peux partir d'ici et laisser Marcia trouver un autre père pour son fils. Jamel m'a dit qu'elle s'y est déjà préparée. Elle trouvera un mari et un père pour son enfant et ils seront heureux, j'en suis sûr. Toi, tu seras libre de vivre ta vie comme tu l'entends, sans fil à la patte. Ce fils ne t'aura jamais connu, tu ne l'auras jamais connu et personne n'en souffrira.

Il fit une pause. Frédéric fixait toujours le sol.

— Ou alors, tu vas deux services plus loin pour rencontrer ton fils. Dès que tu auras posé les yeux sur lui, tu connaîtras la peur de le perdre, et cette peur ne te lâchera jamais. Ta vie ne t'appartiendra plus complètement ; tu seras enchaîné à ce regard-là pour le restant de tes jours. Quoi que la vie décide, que ton enfant soit proche, qu'il soit loin ou qu'il ne soit plus, tu seras père jusqu'à ton dernier souffle.

Frédéric leva les yeux. Il rencontra le regard de son père, qui murmura :

— Frédéric, si toute notre histoire était à refaire… Je préfère la douleur de trente ans d'absence que celle de ne t'avoir jamais connu.

Frédéric se leva d'un bond pour passer ses bras autour du cou de son père. Et ils restèrent tous les deux l'un contre l'autre, Frédéric remontant mille horloges pour retrouver, intacte, la chaleur de ce père qu'il avait conservée dans son cœur, Ernest serrant son fils de toutes ses maigres forces.

Quelques minutes plus tard, Frédéric sortait de la chambre et courait vers la maternité.

64

9 h 05

Le bébé était né. C'était un garçon et il était en bonne santé. Mais, après des heures interminables de travail, Marcia avait dû subir une césarienne en urgence sous anesthésie générale, dont elle se réveillait seulement. Son enfant avait déjà quelques heures.

Elle sentit qu'on posait le bébé sur sa poitrine. Pendant de longues minutes, elle ne vit que lui. Son petit. Celui qu'elle connaissait déjà depuis neuf mois, mais dont, en ce moment béni entre tous, elle découvrait le regard. Ils se voyaient enfin et, sans qu'aucune phrase soit prononcée, ils se promettaient de s'aimer pour la vie.

À un moment, le bébé sembla poser ses yeux noirs sur une autre personne dans la pièce. Naturellement, Marcia suivit son regard. Elle vit alors Frédéric qui lui souriait, des cernes sous les yeux. C'était lui qui avait posé l'enfant sur elle, elle le réalisait à présent.

Ce qu'il lui dit exactement, elle s'en souvint à peine ensuite, leur courte conversation se perdant dans les limbes de l'anesthésie qui hantait toujours son corps. Mais décidément, là aussi, les mots étaient inutiles. Elle avait compris. Frédéric et son fils avaient déjà eu leur petit conciliabule. Et eux aussi s'étaient promis de s'aimer pour la vie.

65

Frédéric trotta vers la chambre 312. Voilà, il avait un fils et il allait l'annoncer à son père. Il allait être fier de sa décision, pensait-il. Même si ce n'était pas vraiment lui qui l'avait prise mais son fils qui avait choisi pour eux deux. Cet enfant extraordinaire, qui comprenait déjà tout du monde. Ernest allait être tellement heureux… Il était grand-père. Il ouvrit la porte 312 et vit Jamel et des lits vides. Jamel rassemblait des affaires, le visage défait, les yeux brillants, des poches sous les yeux.

Ernest était mort.

— Quand… ?

— Dans la nuit.

Jamel lui tendit l'album photos de son père mais Frédéric fit signe qu'il ne voulait pas le voir. Pas maintenant. Il s'assit sur le lit, sortit son téléphone portable de sa poche et fit signe à Jamel de s'approcher.

Jamel prit le téléphone et y vit la photo un peu floue d'un petit bébé tout fripé.

— Mon fils…, murmura Frédéric.

— Félicitations, Frédéric. Il s'appelle comment ?

— Oscar.

— C'était le vrai prénom de Claude Monet, le savais-tu ?

Frédéric sourit.

Bien sûr qu'il le savait. Son père le lui avait dit, quand il était petit.

Épilogue

Soir du 24 décembre, sept ans plus tard.

— Eh ben dis donc, mon Oscar, plus tu grandis, plus tu ressembles à ton père, toi, hein ? Fais une bise à ton parrain.

— Salut Jamel, fit Oscar, sept ans, en pyjama de flanelle, alors que Jamel lui ébouriffait les cheveux.

Oscar, lui, regardait Kika, cinq ans, qui se cachait derrière sa mère, Pétronille.

Marcia accourut pour faire entrer ses invités. Elle était enceinte de son deuxième enfant et plus ravissante que jamais, avec ses rondeurs maternelles. Il y eut des embrassades et Pétronille, Jamel et Kika secouèrent leurs bottes pleines de neige sur le paillasson. Jamel remarqua que la neige s'était arrêtée de tomber juste quand ils étaient arrivés devant la porte, et qu'on n'avait pas eu de Noël blanc comme ça depuis… depuis…

— Depuis la naissance d'Oscar, fit Frédéric, qui se pressa pour embrasser ses amis.

Frédéric avait vieilli, comme tout le monde, mais il était toujours ce bel homme à qui la vie avait l'air de sourire. Et ce soir, en costume noir et chemise blanche, c'était Ken. Pétronille rougit à peine en lui tendant une large boîte en carton.

— Le dessert !

— En kit, bien sûr…, ajouta Jamel. Il faut encore qu'on le monte…

Il y eut un grand *Aaah !* derrière Frédéric. Dans l'appartement qui scintillait de décorations de Noël apparurent des visages connus : Gilles, avec des cheveux, Maurice avec une petite amie (Paulette, soixante-sept ans) et Bertrand, qui avait désormais un bateau, dont il montrait les photos ; sinon ils étaient restés les mêmes. Il y avait aussi les parents de Marcia, venus de Berlin pour passer Noël à Paris et qui admiraient ce nouvel appartement dans une impasse calme de Montmartre. La mère de Marcia regardait un cadre en bois sur la cheminée, qui rassemblait deux photos, une femme qui avait les yeux de Frédéric et un homme qui en avait les traits. Son père, lui, contemplait la toile de Sisley qui trônait dans le salon. Il en connaissait l'histoire : Jamel l'avait sauvée des mains des huissiers en prêtant de l'argent à Frédéric.

Pendant qu'on prenait l'apéritif, la grand-mère d'Oscar faisait manger les petits, qui chipèrent quelques choux pour le dessert. Chez les grands, tout le monde parlait en même temps du quotidien. Jamel avait écrit un petit livre sur les cartes au trésor ; ce n'était pas un succès retentissant, mais tous les droits d'auteur allaient aux enfants de l'hôpital, c'était mieux que rien. La pâtisserie de Pétronille, après un démarrage difficile, ne désemplissait plus depuis que sa sœur, Dorothée, maman de Malo, sept ans, camarade de jeux d'Oscar, avait pris les rênes de la communication et du marketing. Marcia parla de sa collection de vêtements branchés pour enfants jusqu'à ce que Frédéric fasse taire l'assistance en tapant sa cuiller sur sa flûte à champagne. Il avait une annonce à faire.

— Après des années de préparation… vous êtes tous invités au vernissage de l'exposition, le 6 janvier !

Toute l'assemblée explosa en applaudissements et en félicitations, sauf le père de Marcia qui demanda : « Quelle exposition ? »

Marcia lui expliqua en allemand ce que tous les autres savaient.

Frédéric avait ouvert sa galerie d'art six ans auparavant. Il y avait fallu de la détermination, des jours sans fin et des nuits sans Oscar, mais à présent passaient entre ses murs des paysages d'hiver signés des plus grands. Il avait eu un Monet, des Pissarro, des Sisley. Mais ce n'était pas de cette exposition qu'il parlait. C'était d'une autre, une exposition de dessins d'un artiste méconnu. Un certain Fabrice Nile.

Une fois l'émotion passée, l'œil avisé de Frédéric avait reconnu une œuvre d'art dans la carte au trésor de Fabrice Nile. Il avait réussi à retrouver, chez Jamel et chez d'autres, une vingtaine de dessins. À présent que Frédéric avait gagné sa réputation de galeriste influent, il pouvait se permettre de présenter Fabrice Nile au Tout-Paris.

On porta un toast à cette nouvelle, et les flûtes tintèrent. Alors que chacun buvait, le silence s'installa. Pendant un instant, peut-être pensa-t-on à Fabrice Nile, à Ernest ou à Simon, ces trois hommes qui auraient dû être là à partager cette joie avec eux. Toujours est-il que personne ne parla. Jusqu'à ce qu'on entende un petit garçon dire timidement :

— Un ange passe !

Kika pouffa de rire et les grands aussi, et Oscar était tout fier d'avoir capté l'attention de sa famille.

On décida aussi que c'était l'heure pour les enfants d'aller se coucher s'ils voulaient être en forme pour ouvrir leurs cadeaux demain matin. Oscar et Kika réclamèrent la lecture d'un petit livre et Bertrand se porta volontaire. Maurice et Gilles se joignirent à lui. Dans la chambre des enfants, Oscar et Kika écoutèrent Bertrand leur raconter une histoire très, très, très ancienne.

— Saviez-vous que les enfants, avant de naître, connaissent tout du monde ?

— Tout ? demanda Oscar.

— Tous les secrets et toutes les histoires et tous les mystères, ajouta Maurice.

— Les enfants, ils savent plus de choses que mon papa ? Mon papa, il sait tout, ajouta Kika.

— Plus que ton papa.

— Plus que le président de la République ?

— Ça, c'est clair, ricana Gilles.

— Beaucoup plus. Mais quand ils naissent, ils oublient tout, tout d'un coup, dit Maurice. Un ange vient poser son doigt sur la lèvre de l'enfant, comme ça.

Il mit son doigt sous le petit nez d'Oscar.

— Tu vois, ce petit creux que tu as ici, c'est le doigt de l'ange.

Oscar et Kika étaient fascinés. Mais Oscar se reprit et déclara :

— C'est pas juste ! J'aurais préféré tout savoir.

— Si, Oscar, c'est juste, dit Bertrand doucement. Parce que si tu savais déjà tout… tu ne pourrais pas grandir.

C'était l'heure de dormir, et on appela les parents pour les bisous du soir. Tandis que les enfants s'endormaient sur les lampes de poche qu'ils avaient cachées sous les draps pour surprendre le Père Noël, les rires des grands fusaient autour de la table du réveillon.

La neige se remit à tomber sur l'impasse déserte de Montmartre, effaçant les traces de ce qui avait été. Et tout Paris sembla découvrir, le temps de quelques flocons, l'altière paix des choses.

Composition et mise en pages
Nord Compo à Villeneuve-d'Ascq

Imprimé en Espagne par
Liberdúplex
à Sant Llorenç d'Hortons (Barcelone)
en janvier 2016

POCKET – 12, avenue d'Italie – 75627 Paris Cedex 13

Dépôt légal : février 2016
S25456/01